日本宗教のクセ

内田 樹／釈 徹宗

まえがき

本書はミシマ社のオンラインイベント（通称MSLive!）の内容をまとめたものである。内田樹先生と二人で、通算五回のトークライブを行った。二人のおしゃべりを文章化しているので、少し雑な日本語になっている場面もある。それも含めてライブ感を味わっていただければ幸いである。ライブの場所は、第一回から第三回まではリモート対談、第四回は凱風館《がいふうかん》（内田先生主宰の道場）で行われ、第五回はふるえる書庫（如来寺の私設書庫で、いろんな企画の共有スペース）が現場となった。

毎回、一応のテーマは私が設定するものの（そうしないと告知もままならない）、お相手の内田先生との打ち合わせは、例によって一切無し。その場その都度、ぶっつけ本番である。

それにしても、内田先生とは、本当に長きにわたって〝宗教話〟を続けてきた。二十年前に初めてお会いしたときから、ずっと宗教の話に付き合っていただいている。しかし、これほど語り合っても、まだまだ論点がある。気が遠くなるほどおしゃべりしてきても、まだ本書ができあがるだけのトピックスがあり、話が拡がることに驚かされる。内田先生は宗教の専門家ではないにもかかわらず、どんなボールを投げても、さらに深い話になって返って来る稀有《けう》な人なのである。

また、本書をよく読んでもらうとわかるはずだが、必ずしも我々の意見がいつも一致しているわけではない。いろいろと相違が出てくる。でもその相違がさらに次の歯車を回すことになったりするから面白い。

第一章のテーマは「日本習合論」となった。ちょうど内田先生の『日本習合論』と、拙著『天才 富永仲基』が発刊された時期だったので、ミシマ社の三島邦弘さんが組み合わせを思いついたようだ（「あとがき」で内田先生も書いているが、三島さんは稀代の聞き上手だ）。この回で私は、浄土真宗や仲基を出して、わざと「習合」とは逆ベクトルの話題を投げかけてみている。

第二章は「夕日の習合論」。テーマは夕日である。さすがの内田先生も、こんな変なテーマは初めてのことであったろう。もちろん私も初めてである（自分で設定したテーマなのだが）。とまどう内田先生の口から、少しでも日照時間を長くするため西へ向かうという話が出たときは、ちょっとしびれた。それにしても、オリエンテーションって、そんな意味だったのか……、知らんかった。

第三章のテーマ「お墓の習合論」も、深い意図なく決めたテーマである。三島さんが

「どうでしょう。そろそろ第三回やりませんか。テーマはおまかせしますので」などと言うものだから、とっさに考えたのがお墓だった。

第四章の「今こそ、政教分離を考える」では、内田先生の政治と宗教論をぜひ熟読してもらいたい。他では読めないシロモノである。二人とも「宗教をなめるな」と強く憤っている。

第五章のテーマは「戦後日本の宗教のクセ」となっている。これでなんとか書籍化できるような着地へと向かうことができた。なんて行き当たりばったりなんだろう。こんな調子だから長く対話を続けられるのかもしれない。

ところで、本文ではしばしば（笑）のシルシが入っているが、実際には二人ともものすごく笑っている。ほぼ八割は笑っているのではないか。一回一回（笑）を入れていたら、本当はほとんどの行に入れることになってしまうにちがいない。なぜずっと笑っているのか。それは楽しいからである。もちろんシリアスな話題のときは、真剣にしゃべっているのだが、基本的に楽しいからずっと笑ってしまう。そんな機会を設けてくれた三島邦弘さんとミシマ社スタッフ、本書を担当してくれた星野友里さんに、この場を借りて御礼申し上げる。

そして、ずっとお付き合いしてくださっている内田樹先生に、心から御礼申し上げたい。内田先生と宗教話をしていると、また少し宗教の本領に近づいた気になる。

釈徹宗

目次

第三章　お墓の習合論

第四章　今こそ、政教分離を考える

第五章　戦後日本の宗教のクセ

第一章

日本宗教のクセを考える

1 「習合」は、日本宗教の得意技

都市仏教が大地の霊と「くっついた」のが浄土真宗!?

釈　日本宗教文化が「習合」をひとつの得意技にしている、ひとつのスタイルとなっているのは、間違いありません。その一方で、できるだけ習合を拒否しようとした流れもあるので、まずはそこからお話しします。

たとえば浄土真宗の場合は、なるべく神道とか密教とは習合しない方向へ進んできました。そこが大きな特徴のひとつです。日本宗教界の中では珍しいタイプですね。たとえば、広島といえば、浄土真宗王国で知られておりますが、親鸞《しんらん》も蓮如《れんによ》も広島へは行っていないんです。それなのに、広島は浄土真宗王国になったのですから、これは面白い現象です。その理由のひとつに、慧雲《えうん》というお坊さんが広島で活躍したことが挙げられます。この慧雲という人の人には門下生も多く、広島で浄土真宗の一大学派を生み出します。この慧雲という人は、「神棚降ろしの慧雲」と呼ばれたんですよ。浄土真宗は阿弥陀仏ただひとすじの信心であり、神祇不拝《じんぎふはい》（神様を拝まない）の宗風だとして、お仏壇と神棚を祀《まつ》っている日本の習合的なおうちのあり方を批判しました。そして、真宗門徒の家の神棚を降ろして回ったそうです。

このように、浄土真宗には習合を拒否してきた流れもあり、それが日本最大の伝統教団になるわけです。

あるいは、日蓮宗の不受不施《ふじゅふせ》派ですね。ここも習合を避けました。他の信仰や宗派との妥協を徹底して避けたために、すごく弾圧も受けます。キリシタン禁教なみの弾圧です。秀吉からもひどい迫害を受けるのですが、これも習合を拒否してきた流れとしてあります。またご存じのように神道においても、仏教を排除する流れがあって、それが幕末・明治にかけて盛んになります。

内田　面白い話ですね。浄土真宗も日蓮宗も、鎌倉仏教ですよね。鎌倉仏教は、鈴木大拙《だいせつ》に言わせると、平安時代までの都市仏教が、日本列島土着の文化と習合してできた日本オリジナルな宗教なんだそうです。

それまでの仏教は中国から渡来した「借り物」だったけれども、鎌倉時代に初めて日本固有の仏教ができた。これは『日本的霊性』からの請《う》け売りですけれども、鈴木大拙に言わせると、平安時代までの日本には本当の意味での宗教性というものはなかった。鎮護《ちんご》国家であろうと個人の救済であろうと「宗教は現世利益の祈りからは生まれぬ」と大拙は書いています。

今のお話を聞いていると、浄土真宗と日蓮宗が習合しなかったのは、それぞれが大地のエネルギーを吸収する固有の回路を持っていたからではないかという気がしました。

僕が「習合」という言葉に託しているのは、あまり一般性のない定義ですが、「土着のものから創造的なエネルギーを引き出す」ということです。その「脚跟《きやくこん》は深く、地中にくい込んで居た」人々、「大地の霊」との交渉を果たしうる人々、そういう人々が登場してきたことによって初めて日本列島に宗教らしい宗教が現れた。鈴木大拙はそう書いています。もし鈴木大拙のこの鎌倉仏教観が正しければ、つまり、仏教がこの時代に至って初めて日本人の生活者のエートスやパトスというものと出会ったのであれば、鎌倉仏教はもういい、いい、いい、いい、いい、それ以上習合する必要がなかったということになる。すでに土着のものとつながっていたんですから。

三島由紀夫は東大全共闘との対話のときに、過激派の学生たちの政治的な理念は天皇制と「くっつく」ことがなければ、決して大衆的な運動には展開しないと言っていましたけど、これもアイディアのあり方としてはよく似ていると思うんです。どれほど整合的な思想の体系であっても、土着のものとつながらないと、爆発的なエネルギーを得ることはできない。たぶん浄土真宗は、親鸞が関東に行ったときに平安以来の都市仏教が大地の霊と「くっついた」んではないでしょうか。

妙好人というアーシーな人たち

釈　なるほど。ひとつには、そのくっつき方が独特だったのかもしれないですね。実際、北関東の初期真宗教団は、その地域の密教や神道とくっついたとされています。また、その後には、特殊技能民の中で浄土真宗が拡大するというような、マイノリティのほうにくっついていった。非主流派のほうへと根を張っていく。そんな事情も関わっているかもしれません。

内田　浄土真宗にとっての理想的な宗教者は「妙好人《みょうこうにん》」ですよね。あれは、伝統的な都市仏教が理想とする「仏典についての知識が豊かで、法力もあって、高徳の僧」というのとはまったく違う市井《しせい》の人です。下半身が深々と地面にめり込んでいるみたいな、アーシーな人たち。浄土真宗は、そういう人を宗教的な実践の理想にするじゃないですか。僕は妙好人というアイディア自体が習合的だという気がするんですよ。

釈　それは、おっしゃるとおりだと思います。妙好人がひとつの理想形になっていくのは、江戸時代からで、これは習合的な性格を持っている事例も数多く含んでいます。また、浄土真宗が、習合をできるかぎり避けようとしてきた、というお話を先ほどしましたが、実際の浄土真宗の御門徒たちは、意外と習合的だった、という調査結果もあります。

三十年くらい前、社会学者たちが調査した結果、理念や理屈の部分では習合的なものを避ける伝統を持ちながら、むしろ現場の生活者は習合的な体質を持っている、という結果が出た。そのとき浄土真宗関係者は驚きました。宗派内でけっこう話題になりました。

内田　足裏から大地のエネルギーを吸い上げるような回路を持っていることと、外来のかちっとした整合的な体系が結びつかないと、日本の場合、どんな文化領域でも豊穣なものは生まれてこない。僕の言う「習合」というのはそういう考え方なんです。だから、くっつくものは、なんでもいいんですよ。日本列島の大地に根を張っているものであれば、何とくっついてもかまわない。

宗教は出だしがピーク

釈　先生の『日本習合論』の中でも指摘されている「原初に戻れ」「純化をめざせ」とい

う運動。これは、制度宗教の習い性でもあると言えます。繰り返し起こるムーブメントなんですよね。釈迦《しゃか》に戻れ、親鸞に戻れ、などといった動きが。

いちばん典型的なのは、イスラム教です。イスラムは、イスラム本来の姿に戻れ、という運動を定期的に繰り返してきました。そして、この「原初に戻れ」が、ファンダメンタリズム（原理主義）につながってきた面もあります。「原初に戻れ」運動の声は強い力を持つので、それまで習合で安穏としてきた人たちがすごく叩かれる。

そもそも宗教って、出だしがピークなんですよね。釈迦がピーク。親鸞がピーク、という具合に。ピークというか、理想ですよね。始祖が理想。そのあとは、常に「堕落した」「ダメになった」と言われるわけです。そういう批判が起こる。これは制度化された宗教の宿命でしょう。そうなると、原初に戻れ、と声を上げる人が、ある一定のインターバルで出てくる。それを繰り返している。

内田　それって、宗教のある種の生理なんだと思います。「原初に還れ、純化しろ」という原理主義と「いや、あれからいろいろあって、現実こんなんだから、そう固いことも言っていられませんから」という現実主義の間に葛藤があって、それが折り合って、次のレベルに展開してゆく。

だいたい習合って、すればするほどグチャグチャになってくるんですよね。首尾一貫性を欠いたものになる。習合って、「氷炭相容《ひょうたんあいい》れざるものをなじませる」ということなんですから、無原則なんですよ。無原則ですから、一時的にはなんとかなるんだけれども、ある程度時間が経つと、「澱《おり》」が溜まる。「穢《けが》れ」が溜まる。だから間歇《かんけつ》的にそれをクレンジングしなきゃいけない、それが「原初に還れ」という命題になるんだと思います。

人間が追求する「自由」、神様が担保する「平等」

内田　今日も平川克美君と話していたんですけれど、ヨーロッパの近代的な概念は、「自由・平等・博愛」ですよね。この三つの統治原理の中で鍵になるのが「自由」だと思います。これが一番実感としてわかるから。具体的な束縛があって、権力であれ、法律であれ、因習であれ、具体的に可動域を制約し、選択肢を限定する抑制がある。それを跳ね飛ばして、可動域を拡げ、選択肢を増やすということは、実感としてどういうことかわかる。

でも「平等」については、実はほとんどの人は経験的実感を持っていない。理念としては知っているけれど、「ああ、ついに平等が達成されたなあ。これが平等というものか」というリアルな身体的実感を持ったということは、たぶん人類は歴史的経験としては知らないと思うんです。

「自由」と「平等」という言葉は、アメリカ独立宣言の中にも出てきます。「自由」の達成が新しい国家の目標であることはよくわかります。でも、「平等」が達成されるということについてのイメージは独立宣言を読んでもぜんぜん湧いてこないと思うんです。市民たちに「自由」を保証することは政府の責務です。でも、市民たちに「平等」を保証するのは政府の仕事ではない。独立宣言には「すべての人は創造主によって平等のものとして創造された」と書いてある。平等を構想し、実現し、保証しているのは創造主であって、人間じゃないんです。平等はすでに実現されていて、すべての人間は同じスタートラインに立っているという話になっている。だから、仮に社会的不平等が目の前にあったとしても、それは創造主から平等に創造された人間たちが自由な競争をした「結果」であって、別に神様に恥じるような非人道的なことではないという言い訳が立つ。「自由」は神様の管轄《かんかつ》ではなく、人間が自力で実現すべきものです。一方「平等」は人間がこれから達成すべき義務だとは考えられていない。だから「自由」は強く、「平等」は弱い。

生まれつき才能に恵まれた人が、努力して、競争に勝った場合、その人が手にした権力や財貨や文化資本について「それ、持たざる人に分けたらいかがですか」ということは個人的なアドバイスとしては言えますけれど、倫理的命令として強要することはできない。

だから、「勝者が総取りして、敗者は路頭に迷う」ということが社会的なフェアネスだという話が通ってしまう。

自由な社会は必ず格差社会になる。これは不可避なんです。僕らの時代は「新自由主義」の時代ですけれど、それは言い換えると「平等」がほとんど重視されない時代だということを意味しています。だから、どこかで誰かが「創造主が万人を平等に創造された原点に還れ」ということを言い出すようになる。平等の達成もまた「原点回帰」というかたちでしか出てこないんです。

釈　そういうことですか、なるほど。自由と平等はフェーズが異なる、管轄が異なるのですね。ことに平等のほうは繰り返し揺り戻しが起こり、原点を再確認することでまた組み立て直される。それもひとつの運動というか、動的なもの。

内田　そう思いますね。

釈　原点回帰という運動は、一方で教条的であり、他方でとても感情的情緒的であると思います。また習合もすごく情緒的です。問題の棚上げや先送りも、基本的には、習合の態度です。宗教同士が共存する、という場面では、「棚上げ」や「先送り」が大切になる。でも、棚上げばっかりしていたら、棚が重くなりすぎて、棚の作り直しがやっぱり起こりますね。ずっと習合を繰り返していると、やはり具合が悪い問題も出てくると思います。

たとえば、なれ合いとか惰性とか、劣化とか。その宗教が本来持っているポテンシャルも落ちてくる。そこで、もう一度立て直そうじゃないか、という事態がやってくる。

内田　ときどきシャッフルしたり、リセットしたりしないと。

いろんな宗教が聖地に集まって習合する

釈　日本の場合は、神仏が習合するときに、その場を提供したのは、やっぱり山とか半島とかですね。そのあたりが神仏習合を生み出す場となった、と思うんです。

内田　半島か。

釈　たとえば比叡山には、もともと「オオヤマクイノカミ」という土地神がましますので、そこにお寺を建てるときは、やはりオオヤマクイノカミを祀ることを、最澄は考えるんです。空海も、どこかいいところはないかと探して、高野山にお寺をつくる。そこは「ニブツヒメノカミ」という土地神を祀っている山だったので、はじめにニブツヒメノカミを祀るところから始める。

そんな具合に、何かが習合するとき、日本の場合は山という場があると思います。また、神仏習合で最も活躍するのは八幡神《やはたのかみ》なのですが、八幡神の系譜を考えますと国東《くにさき》半島あたりで生まれた独特の信仰だと言えます。そこは神仏習合に適した場であったのかもしれません。そして、習合をリードしてきた理念には、密教が大きな役割を果たしてきた。そんなふうに私は思っています。

内田　日本の場合、習合は聖地が足場になるということですね。ある程度霊的感受性の備わった人なら、誰でも感知できるような強い霊的な「パワー・スポット」がある。そこに人々が惹かれてゆく。それはどの宗派かということとは関係がないんですよ。実際に聖地というのは、古代からさまざまな宗教によって繰り返し選択されていますから。

前にローマのあるカトリック教会を訪れたことがあるんですけれど、そこは教会の地下にミトラ教の祭壇が残っているんです。ミトラ教の聖堂の上にキリスト教の聖堂を立てた。前にあったものは「上書き」されて、消されてしまうんです。別にいちいち「ここはミトラ教の聖地でした」ということは信者にはアナウンスされない。

日本だと「歌枕《うたまくら》」ってあるじゃないですか。あれも文学的な意味での「聖地」だと思うんです。ある場所にゆくと、そこに思わず足を止めてしまうような景観が広がっている。巨石巨木であったり、滝であったり、海に沈む夕日であったり、いろいろですけれども、旅する人はそこで「ここはどんな由来のあるところでしょうか」と地元の人に訊く。それを聞いて感興を覚えて、とりあえず一首一句を詠む。その次にまたここに来た人が地元の人に訊くと「ここではかつてこんな歌が詠まれました」と教えてくれるので、それを踏まえて一首一句を手向《たむ》ける。そうやって無数の作品が蓄積して、「聖地化」が進行していったのが「歌枕」だと思うんです。

「歌枕」で詠まれた歌はすべての先行作品への参照を要求します。先行作品があることを知らずに、ただ興に任せて感動を歌っても、それは「歌枕」には加算されない。先行した作品を文学的滋養として豊かに取り込まないと「歌枕」には加算してもらえない。

ヨーロッパの聖地も万人を惹きつける「宗教的な歌枕」であるはずなんですけれども、ヨーロッパの場合、前に歌われた歌は抹消されて、記憶からかき消されて、新しい歌が上書きされてしまう。だから、先行作品への遡及《そきゅう》が求められない。一方、日本の場合、歌人俳人には先行する全作品への参照が求められる。日本的な歌枕とヨーロッパ的な聖地の違いはその辺にあるんじゃないでしょうか。

歌枕から見える、日本人の感情教育の伝統

釈　これは科学者で歌人の永田和宏先生に教えていただいたんですが、源氏物語でも、ストーリーは文章で書かれているけれども、登場人物の感情とか情緒は歌になっているそう

です。習合というのは、なかなか言語化できないところがたくさんありますので、歌にのせて表現してきたところがあるんでしょうね。

内田　日本人の感情教育はたぶん歌を通じて行われてきたんだと思います。美しい景色を見ると一首詠む。強い感情を経験すると一首詠む。人を好きになると一首詠む。ふられても一首読む。子どもは仮に人を好きになっても、その自分の恋愛感情を語る自前の言葉を持っていない。でも、さいわいなことに、思い焦《こ》がれている人から見向きもされない焦慮《しょうりょ》とか、嫉妬とか、ふられた絶望とか、一時の熱情が冷めてしまった空虚さとか、そういうものについては、すべて先行する歌がある。とりあえず、それに似た書き方をすれば、近似的ではあれ自分の感情を言い表せる。

だから、おのれの実感を一〇〇パーセント表現する歌をめざすのではなく、そういう場合の定型を踏まえて、定型どおりにまず詠む。定型的なものにちょっとだけオリジナルな味付けを加える。そうするともらったほうも教養がある人だと、「おお、この歌は（できはいまいちだけど）、あの名歌を踏まえているわけだから、そういう心情を込めているのね」とわかる。そうやって、歌をやり取りしていくうちに、だんだんだんだん、子どもの感情そのものが、歌を足がかりにして熟成していく。

最初は既製品からの借り物なんだけれど、それを一応自分の作だということにして書いてみる。しばらくして、何かのはずみで「ああ、あの歌の心ってこういうことだったのか」とか「この言葉はこういう感じを言い表していたのか」ということがわかる。先に言語を学習して、先に作品を真似て作ってみて、あとになってから自分の作品の基になる感情がどういうものかを知る。日本人の感情教育はそういうふうに「ありものの感情表現をまず真似てみる」ところから始まって、だんだん深まり、だんだん固有のものがかたち作られてゆく、そういうプロセスをたどったんじゃないかなと思うんです。

釈 先に自分の思想、信条みたいなものがあって、やってきたパスに対して「はたしてこれは自分の信条に合っているのか」と取捨選択するというのではない。先にまず、パスをキャッチする、というところから始まる。まず定型がある。キャッチした上で、パスされてきたものを大切に丁寧に取り扱い、磨いたりしながら温めて、変更して、自分の想いものせて、次にパスする。そういう作法と言えるでしょうか。

内田 そうですね。先行した人たちが積み上げてきたものに対する開放性というんでしょうか。まず余人を以ては代え難い自分のオリジナルな感情があって、それをなんとかして適切な言葉に置き換えるというのではなく、まず模倣から入る。まず、他人の言葉をなぞって、なぞることを通じて、自分の中には起源を持たない感情を学習してゆく。そうやって、自分の感情そのものを豊かにしてゆく。そういうかたちで先行する文化をつないでいく。それが日本的な感情教育だったんじゃないかな。

僕は「歌枕」に類したものを、フランス文学史では習った覚えがないんです。すごく景観のよいところに行ったときに、誰かが、シャトーブリアンでも、ヴァレリーでも誰でもいいですけれど、「ここはかつてこういう詩人がこういう詩で書いたところです」と言って、すらすら暗誦してみせるというような場面に遭遇したことがないんです。日本だったら、どこに行っても誰かがつい口にするでしょう。「つわものどもが夢のあと」とか「いざ言問はむ都鳥」とか「松島や」とか。高校生でも。

釈　ええ、そうですね。

内田　歌枕って、『源氏物語』から和泉式部から西行から『平家物語』から飯尾宗祇《いいおそうぎ》から芭蕉までのテクストが蓄積しているわけですよね。だから、芭蕉と西行が同じ歌枕で詠んだ場合には、その二つを同時に味わうことが読者には要求される。単独の作品ではなく、その歌にインスピレーションを与えたすべての文学的営為を同時に経験することが求められる。だから、その歌枕に立ったときにどれほど多くの先行作品を呼び出せるかという能力が「教養」と呼ばれた。

『論語』に「述べて作らず」というのがありますね。「私の説はオリジナルではなく、先賢の教えの祖述である」という抑制的な名乗りなわけですけれども、実はこれは「私の説」と「先賢の教え」を両方味わうことを読者に要求するという点では、かなり「注文の多い」設定なんです。

あらゆる言葉は多起源的である。だから、ある言明については、今ここでその一意的な意味を確定することよりも、その遠い起源を訊ね、これまでなされた多様な解釈可能性を列挙するほうが知性の働きとしては「上等」である、と。そういう考え方が日本の習合的文化のひとつの特徴だったんじゃないでしょうか。

神仏習合の理論的脆さ

釈　内田先生がそもそも『日本習合論』を書かれたモチベーションのひとつに、「明治時代において、なぜあれほどあっさりと習合信仰を捨てる事態へと進んだのか」ということがおありだったようです。そして、そういう原理主義的な主張はいつの世にもあるけれども、それを当時の人びとが受け入れてしまったのはなぜか、といった問題に取り組まれている。

これについて私もいくつか思い当たる点があるんです。そのひとつに、近世におけるキリシタン政策の影響があったのではないかと考えています。キリシタンや不受不施派などの弾圧で、徹底した宗教政策が行われたわけです。仏教各宗派は行政に組み込まれて共存体制になります。これらは「宗教を政府が統制・管理する」というあり方を定着させた。そういう意味では、日本はいち早く世俗化社会を確立したと言えます。これがひいては明治維新における宗教政策を簡単に人びとが受け入れる素地・体質となったのではないでしょうか。

内田　キリスト教は整合的な教理の体系がありますけれど、神仏習合にはかちっとしたロジックがないんです。神仏習合を作り出した体系的な理論がない。あれこれ突き合わせて折り合わせているうちに、気がついたらこんなふうになってしまった。「曰く言い難い」アナログな経験であって、截然《せつぜん》と記号的には分節できない。言葉で言い切れない。わかってもらうためには、同じ宗教的な経験を追体験してもらうしかない。だから本居宣長みたいな人が出てきて、「習合はダメ」ときっぱり言われちゃうと、理論的には対抗できなかったと思うんですよね。

釈　対抗する理屈が立たなかった、というのが大きかったわけですか。

内田　そうなんですよ。国学者たちから「習合はダメ!」って言われたら、なるほど、そうおっしゃるあなたの立場もよくわかる。あなたにも譲れないお立場というものがあるんでしょう。じゃあ、どうです、ひとつここはナカとって……というのが習合の骨法なんです。だから、議論にならない。「お寺を壊せ」って言われたら、まあ、そこまで過激なことをおっしゃるには、そちらさまにもそれなりの深い理由がおありになるんでしょう。とりあえずお話うかがいましょう……というふうに腰砕けになってしまう。断固として「ここだけは譲れません」というふうにはならない。絶対に譲れない原理原則がないんです、習合には。

釈　習合信仰は無原則なだけに、強引なものには弱くなっちゃうのでしょうね。

内田　『日本習合論』にも書きましたけれど、前にスイスのラジオ局の人が来て、僕と釈先生の二人で日本の宗教についてインタビューを受けたことがありましたよね。あのときに一番説明に苦しんだのが、「神仏分離」についてでしたでしょ。「どうして、千三百年間も続いた神仏習合という宗教的伝統が、これほど簡単に廃棄されたのですか？」という質問にうまく答えられなかった。「仮に明治政府の方針がそうであったとしても、できたばかりの新政府の宗教政策が、千三百年続いてきた宗教的伝統を一片の政令で廃絶することがどうして可能だったんですか？　どうして抵抗運動がなかったんですか？」と問われたときに答えられなかった。そんな問いをそれまで自分に向けたことがなかったからです。

どうしてそんなことになったのか、それが知りたくて『日本習合論』を書いたんです。本を書くうちに、「習合」というのが理論的にはまことに脆いものなんだということがよくわかりました。経験と感受性と生活習慣と、それだけなんですよね。体系性がない、原理論がない。だから、原理的な宗教政策とか、体系的な理論が出てきて、「あんたのやってることは間違っているよ」と言われると反論できない。

釈　これは門脇佳吉《かきち》氏や河合隼雄氏が言っていた「中空構造」の問題ですね。真ん中を空けて、みんな丸テーブルに座っている。そのため異質のものが、横並びで座ることができます。と同時に、真ん中が空いているだけに不安定と言いますか、ドーンと力の強いものが設置されたときに大変脆いという危険性を、常にはらんでいる。ものすごく排他的になったり、国民総動員みたいなことになってしまう。

内田　ほんとにそうですね。

釈　それと、宗教の習合・対立について、自分の経験上思うんですが、近いものほど違いを強調したがる、離れたものほど同じところを強調したがる、というところがあるような気がするんです。たとえば、東本願寺と西本願寺って、お互いに違うところを強調しがちです。大きい目で見たらおんなじやのに、やけに違いを強調したがる。その一方で、浄土真宗とキリスト教の同じところを挙げたがる人って多いんですね。

これっておかしな習性だなあって前から思っていたんですが、人間ってそういうところがあるのかもしれないですね。そこから敷衍《ふえん》して考えますと、江戸時代において、神道とか仏教とか儒教とか、あまりにも近くなりすぎたといいますか、違いもよくわからなくなるくらい、三教一致論が大変主流になってしまった。そうなるとやはり違いを強調したくなる人たちが出てきた、といった流れはある気がするんですけれども。

内田 そうなると「ちゃんと区別しようじゃないの」という人がときどき出てくるんですよね。議論するときに、「まずキーワードを一義的に定義して、それから議論を始めようじゃないか」という人がいますけれど、あれですね。そういう考え方もあると思うんです。でも、議論になるのって、たいていの場合キーワードそのものの定義が困難だからなんですよね。

教育論をしているときに、「まずあなたの使っている『教育』という語の意味を定義してほしい。その定義に全員が同意してから話を始めよう」とか言われたって、そんなの無理なんですよ。みんな頭の中で「教育」について違うことを考えているから話がまとまらなくて議論になっているわけで。「議論を始める前にまず議論を終わらせよう」と言われても無理なんです。

だから、僕はどんな主題で議論をするときでもキーワードの定義は求めないんです。話が深まってきて、対話が成り立てば、いずれおのずからキーワードについてのおおまかな合意はできる。キーワードの意味についてだいたいの合意ができたときには、議論はもうおおかた終わっているんですよ。

でも、これは説明するのが難しい。対話のプラットフォームが未完成の状態から話を始めて、対話しながら、対話のプラットフォームを形成してゆくという自転車操業みたいなやり方って、あまり理解してもらえないんです。「いろいろご意見があるので、それをすり合わせてなんとかする」というやり方はまことに理論化しにくい。正しい原理原則を掲げて、他の説をかたっぱしから鮮やかに論駁《ろんばく》するというのじゃなくて、みんなが同程度に不満な「落としどころ」を探る社会理論の確立が年来の僕の夢なんです。

釈　それが習合論に結実したんですね。

ほんとはすごい富永仲基の「誠の道」

釈　内田先生からみられて、拙著『天才 富永仲基』はいかがでしたか？

内田　面白かったですね。なんと言ったらいいのかな、本当に理知的な人ですよ。ぜんぜん原理主義的なところがない。

釈　おっしゃるとおりだと思います。

内田　あの時代（富永仲基：一七一五〜一七四六）に支配的だったすべての宗教に対して、

等距離なところから、学術的に観察して評価するという姿勢が、できたかどうかは別として、企《くわだ》てたというところがすごいと思います。ふつうは、どれかの党派に属していて、そこから他を評価し、査定し、批判するわけですけれど、それをしないという立場を選んだ。

釈　内田先生も『日本習合論』の中で、空海の『三教指帰《さんごうしいき》』を挙げておられます。私は以前、『三教指帰』や不干斎《ふかんさい》ハビアンの『妙貞問答《みょうていもんどう》』などを、日本におけるオリジナリティの高い比較宗教論として論じました。でも、空海もハビアンも宗教思想を比較しているのは間違いないのですが、結局は護教論なんです。最終的には自分の立場を優位に持っていくための立論なんですね。でも富永仲基は、そういうところがまったくありません。

内田　そうなんですよ。どの宗教が卓越しているのかについて、仲基の側には別に予定された結論がない。最後の「誠の道」、あれが好きだなあ。

釈　えっ？　そうなんですか？　そういう人は珍しいですよ。「誠の道」を高く評価する人に会ったことがありません。私の知っているかぎりでは、内田先生だけです。

内田　あれは「市井の常識人としてちゃんと生きましょうよ」ってことですよね。要するに「原理主義的になるな」と。あまり困難な目標を掲げずに、誰でも実践できそうな「人の道」を示す。これが僕は健全だなと思いました。どんな社会もそれぞれ常識が違うわけですけれど、そこに生まれた以上は、自分のいる社会の常識に穏やかに従ったらいい。「親孝行しろ」という国だったら、親孝行をすりゃいいし、「夫婦は愛だ」という国だったら、愛すればいいし。社会集団ごとに少しずつ倫理は違う。どれが正しい、どれが間違っている、とうるさく言い立てないで、とりあえずは「よい加減のところ」で手を打ちなさいということですよね。二十歳ぐらいで、あの成熟した結論を導いたというのは、僕はちょっと感動しましたね。

釈　ははあ、原理主義的になるなという文脈で読まれたのですか。たしかにその意図は仲基にあったと思います。ただ、内田先生は別にして、富永仲基について詳しく知った人の多くは「誠の道」でだいたいガッカリするんです。これまであんなに精緻《せいち》な論理を組み立てた人が、最終的に主張したのが「誠の道」かよ、なんて凡庸な、と感じるようです。誰でも思いつきそうな思想ですからね。すごく単純な話ですし。

しかし、私も、内田先生同様、評価しているんです。よくぞここまで書いた、と思っています。「要するに、仏教も儒教も神道も、つきつめれば〇〇だろ」みたいなことを言う人はけっこういます。「要するに善く生きろということだろ」とか、「つきつめれば、幸せになれってことだろ」とか、「感謝しろということだろ」とか。ですから、「誠の道」だって同じように受けとめられがちなのでしょう。でも、富永仲基の場合は、それを言うための膨大な検証があります。そこが並みの人ではないところです。

「君たちが根拠にしている教えには、文化のバイアスもあるし、言語のバイアスもある。そもそも先人たちの上書きであるとか、反論であるとか、そういうもので成り立っているんだ」ということを、思想史的に文献学的に論証しようとしました。ですから、単純な日本仏教の現状批判でもありませんし、「今の仏教は間違っているから、釈迦に還れ」と主張しているわけでもない。「釈迦だって加上《かじょう》している（どんな思想も、先行する思想が前提となって成り立っている）」とか、「釈迦も論理に瑕疵《かし》がある」と考えた人なんです。

内田　先行したものを踏まえた上で、還るべき原点を認めないというのはかなり過激ですよ。

釈　はい、そうなんです。そこが仲基思想の破壊力でして。思想の成り立ちと構造を考察するという方法論ですべてを解読していく。そうなると、みんなが拠《よ》り所にしているものが次々と解体されていってしまう。そしてその上で「誠の道」を提示したわけです。

ところが多くの人は仲基を読みそこなって、国学者も儒学者も仏教者も「仏教批判の人」「大乗仏教否定論者」と捉えてしまうんです。

しかし、現代の学問のトレーニングをうけた我々は、仲基の方法論に違和感はありません。『出定後語』は、むしろ仏教思想の変遷を考察する上でよいテクストです。もちろん、現代の仏教学から見れば、間違っているところもあります。仲基は漢訳仏典で考察しているんですから。とはいえ、この立論は仲基以前には世界のどこにもなかったものです。仲基の後にヨーロッパで聖書のテクストクリティークが始まりますが、もちろん仲基が西洋の思想研究の影響を受けた気配や経験は一切ありません。西洋よりもずっと早く、たった一人で組み立てたのです。しかも十代で考えついたようです。

内田　天才だと思います。日本国内で先行事例のない科学性とか学術性という概念を「こういうことなんじゃないの」と言い出したわけでしょ。文献批判とか、やることがすごく近代的ですよね。

釈　はい、やはり「天才」と形容したくなります。今日の仏教研究によって、仲基の論は大筋で正しかったことがわかっています。この人があと十年生きていたら、どんな思想・研究を展開していたのだろうと思います。山本七平は「日本人はオリジナリティがない、などという人に対して、私は富永仲基の名を挙げることにしている」と述べています。

「論理的な仕分け」と「習合」は共存する

釈　こういう仲基の「論理的に仕分けしていく」という態度と、習合的な信仰というものの組み合わせというのは、どうなんでしょう。

内田　僕も仕分けるのは好きなんです。さっき言ったように、いろいろなものが重なって目の前の現実を構成しているわけです。だから、視点を変えると、いくつものレイヤーが重なり、混じり合い、その総合的な効果として、今目の前の現実を構成しているということがわかる。なぜ僕にとって現実は「こういうふうに」見えるようになったのか、それを論理的に仕分けしてゆく。でも、どこまで仕分けしても「ここが大本」というところにはたどりつけない。いろんな事情があって、自分の眼には世界が「こういうふうに」見えるようになったということしかわからない。でも、それでいいと思うんです。たまたま僕の眼に世界は「こういうふうに」見える。でも、一般性は要求できない。だとしたら、実践的には、自分の住んでいる世界の常識や作法に従って、市井の常識人として「誠の道」でいくということでいいんじゃないでしょうか。

釈　なるほど。だから、区分けしていくことと、習合的な観点というものは、共存するものであると。

内田　ポストモダニズムが過激化すると、我々が認識しているものはすべて主観的バイアスがかかっている「物語」であり、「客観的実在」などというものは存在しないというところまでいってしまいますよね。「大きな物語」をすべて否定すると、ひとりひとりが自分にとって都合のよい「主観的真実」という「小さな物語」を選んで、そこに安住することが正当化されてしまう。

たしかに誰もが主観的願望や偏見を投影して世界を見ているというのは事実です。「私が見ている世界だけが真の客観的現実で、お前たちの見ている世界は幻想だ」と言う権利は誰にもない。

でも、いずれもが主観的バイアスのかかった現実認識であっても、そこそこ正確に現実を見ている人もいるし、まったくの妄想のうちにいる人もいる。そこには「程度の差」がある。僕はこの「程度の違い」を精密に差別化する知的な努力が「誠の道」なんだと思う。

釈 そうなんですか、それはいいお話を聞きました。なんでも習合論で語ってしまうと、ある種の相対主義に陥ってしまって、生きる拠り所にはならないといった躓《つまず》きがあると思うのですが、そっちの方向一辺倒じゃないということですね。

内田 「自分が見ているものの客観性を過大評価しない」という知的節度そのものは大変けっこうなんです。でも、そこから「誰もが主観的バイアスのかかった現実認識をしている。みんな妄想のうちにいるのだ」というニヒリズムに飛躍することに僕は反対しているんです。ものごとには「程度の差」というものがある。「五十歩百歩」と言いますけれど、そこには「五十歩」の差がある。その「五十歩」の差が人の生き死ににかかわることだってある。

たしかにすべての人は主観的願望を投影して、幻想的な世界を見ているのだけれど、幻想にも身体レベル、心のレベルで「受け入れられる幻想」と「人として受け入れがたい幻想」の違いがある。ものごとには「限度」というものがある。その限度を超えるふるまいに僕は自制を求めているのです。

2　日本宗教のクセ——行・聖徳太子・レンマ

「行をとても大事にする」というクセ

釈　ところで今日は、「日本宗教のクセ」がテーマとして設定されていますが、内田先生は日本宗教のクセにどういうものがあるとお考えでしょうか。まずひとつに「習合信仰（シンクレティズム）」がある、というお話をこれまでしてきました。これは大きな特徴であるのは間違いありません。また、強い原理原則を避ける傾向を挙げることもできます。

内田　もうひとつの日本宗教の特徴は、「行《ぎょう》」を重んじるということではないかと思います。キリスト教の場合でも、鞭《むち》打ち苦行のような壮絶な荒行をする修道士もいますけれども、日本の場合は、行の種類がすごく多いし、別に世俗のことすべてを放棄しなくても、カジュアルなかたちで行に関わる入口がいろいろ用意してある。行をする人の数が多く、裾野が広い。その点が特徴じゃないでしょうか。

カトリックの場合、体を鞭で打ったり、飢餓状態になったりとか、無言の行をするとか、ファナティックな行はありますけど、「カジュアルな行」ってあまり見かけないでしょ。日本は、行の種類が多いし、難易度もピンからキリまである。千日回峰行から朝のお勤めまで幅があるけれど、どれも「行」ということでは同じカテゴリーに収まる。

それに日本の場合、聖地巡礼は必ず観光とセットになっていますよね。宗教的な行が娯楽を兼ねている。宗教的緊張がどこかで世俗的な弛緩の仕組みで緩解されるようになっている。かなり厳しい行の場合でも、終わった後は必ず「直会《なおらい》」があって、緊張をほぐす。深海に潜った後に、急に海面に出ないで、だんだん身体を大気圧にならすようにするのと同じで、宗教的な緊張を保ったまま、現実世界に戻るとうまく順応できないんです。だから、じわじわと心身を「世俗化」してゆく。そういう技術が日本の宗教ではかなり洗練されているんじゃないかと思います。

キリスト教の場合、信仰心が嵩《こう》じるとファナティックになってしまう。神の意志を地上にただちに実現するという原理主義的な方向に向かう。「悪魔を探し出して殺せ」という攻撃的なマインドになった人は「行ったきり」になる。霊的な緊張と世俗的な弛緩の間をゆるやかに往還するとか、宗教儀礼と娯楽をセットにするというようなことはキリスト教ではあまりやらないんじゃないかと思います。

釈　そういう相違がありますか。そういえばキリスト教は、一気に劇的な転換が起こる事態を高く評価する傾向があるかもしれません。初期の宗教心理学の研究でも、キリスト教系の研究者は大きな人格転換である回心への関心がとても高い。そちら側から見れば、薄紙が一枚一枚積み重ねられていくような、気がついて振り向けば「ああ、自分はこの道を歩んで来たんだなあ」とじっくり味わうような日本の「行」のあり方は、パッとしないと言いますか（笑）、なんだか冴えない印象を受けるでしょうね。

日本宗教文化として根づいている「行」って、あらためて「信仰心で実践しているのか」と問われると、「まあ、信じているかと言われたら、信じているのかなあ。よくわからないけど」的な感じだったりします。たとえば外国人の宗教研究者に「あなたはよく信じてもいないのにこういうことをするのですか」などと言われても、「まあ、そう言われても困っちゃうけど」なんて感じで。これは、まず行為が先立って、あとで心がついていくような道筋なんですね。内面重視じゃなくて、行為先行です。

このような形態は、キリスト教のプロテスタンティズムのような内面重視傾向が強い宗教と比較すれば、とても茫洋《ぼうよう》とした宗教性だと言えます。曖昧模糊《あいまいもこ》としています。プロテスタントの内面重視傾向の影響なのかどうかは明言できませんが、いつの間にか現代人は、宗教というのは「信じているか信じていないか」の二者択一が明確なものだと捉えがちです。

けれど、伝統的な日本宗教文化から見れば、「信じる宗教」だけじゃなくて、「行う宗教」とか「感じる宗教」みたいな文脈も、とても豊かに息づいているわけです。むしろ、近代・現代の宗教観のほうが、ずっと貧しいと言うこともできます。線が細い、とでも言いましょうか。

内田　先ほど「感情教育」という話をしましたね。恋歌の定型をなぞることによって、子どもが次第に深みのある感情表現を獲得してゆく。それと同じで、宗教的感受性というのも、長い時間をかけて、ゆっくりと成熟していくものだと思うんです。ある日、神の電撃に打たれて回心して、一気に宗教的完成に達するというのとはちょっと違う。「回心」と「霊的成熟」は道筋が違うように思うんです。それこそ薄皮を一枚一枚剝ぐうちに、毎日毎日、淡々と「行」を行ってゆくうちに、次第に心身が宗教的に熟していって、その成熟度に見合ったかたちで、霊的感受性が深まり、世界の捉え方が宗教的になってゆく。それが「日本宗教のクセ」といったらクセなんじゃないですかね。

釈　なるほど。先ほどもお話ししましたが、啓示型宗教は劇的なものを高く評価する傾向があるようです。しかし、劇的な宗教経験と、宗教性の成熟とは、必ずしも一致しないということですね。「宗教性の成熟」は、この対談シリーズでも重要な論点になっていくと思います。

日本ならではの聖徳太子信仰

釈　日本ならではの習合信仰って、すごく面白いものがけっこうあります。たとえば、ヒンドゥーの神であるシヴァ神は、仏教の大黒天と習合して日本へやってきます。そして日本では大国主命《おおくにぬしのみこと》と習合するんです。これは「大黒」が「大国」に通じるからです。こんなダジャレみたいな習合信仰が起こるんですね（笑）。今でも、羽生結弦《はにゅうゆづる》選手と弓弦羽《ゆづるは》神社がくっついたりしていますでしょう。このような事例は他にもいろいろあります。弁才天の「才」を「財」の字で書くようになって、弁財天が財産や金運の神様になったりしています。あるいは、信仰の変遷がユニークなものとして聖徳太子信仰があります。

もちろん聖徳太子信仰は、日本固有のものです。これの習合信仰ってすごいんですよ。聖徳太子を信仰する宗派として、四天王寺さんの「和宗《わしゅう》」などがあります。

内田　和宗なんていうのがあるんですか……。知らなかった。

釈　和宗という宗派になったのは昭和二十四年です。それまでは天台宗のお寺でしたので。四天王寺さんは聖徳太子の発願《ほつがん》によって建立《こんりゅう》された日本最初の官寺《かんじ》だと考えられています。ここでは救世《ぐぜ》観音がお祀りされているのですが、聖徳太子はこの救世観音の化身だとする信仰があります。聖徳太子信仰は、かなり早い時期からさまざまな伝承に彩られており、多様な展開が生まれたことになります。ざっと概観してみましょう。

まずは日本の仏教の祖だとする信仰があります。聖徳太子なかりせば日本に仏教は根付かなかった、太子は日本の釈迦だ、とする信仰です。あるいは、太子は勝鬘《しょうまん》の生まれ変わりであるとする信仰や、中国の慧思《えし》という高僧の生まれ変わりであるとする信仰は、すでに奈良時代にはあったようです。勝鬘はインドの女性在家仏教者で、『勝鬘経』ではこの人が大乗仏教の教えを説くお話がつづられています。太子はこのお経を重視して、自ら講義したと言われています。慧思は、天台大師・智顗《ちぎ》の師で、中国仏教の巨人のひとりです。鑑真が日本に来ることになったのも、「日本の聖徳太子という人は、我が国の慧思禅師の生まれ変わりと聞く。だから私は日本へ行かねばならない」といった理由があったと言われています。

平安時代になると、観音菩薩の化身だとする信仰が強くなったみたいです。観音菩薩はさまざまに変化するので、如意輪《にょいりん》観音や馬頭観音などバリエーション豊富なんですが、太子信仰では特に救世観音が重視されます。これは仏教経典には出てこない観音で、聖徳太子信仰独特の観音様だと言えます。

また、太子は物部氏《もののべ》をほろぼした英雄だとして、軍神としても信仰されます。そして、中世になると、吉田神道などでは、太子を神道の祖であると考えるようになります。

それが、もう少し時代が下ってくると、先生が書かれた会沢正志斎《あいざわせいしさい》が言ったように、あいつは仏教を日本に土着させた、とんでもない悪人だ、といった批判も出てくるんです。林羅山《はやしらざん》なども厳しく批判しています。廃仏毀釈の標的とされるわけです。その一方では、大工さん、鋳物師、鍛冶屋《かじ》さん、左官屋さんといった職人、特に建築関係において太子が強く信仰されます。これは現在でも続いており、建築関係者の太子講などがあります。

さらにこれが近代になってくると、岡倉天心やフェノロサたちのように日本文化を高く評価する動きから、聖徳太子はさまざまな文化を生み出した人物として注目されます。同時に、大国と対等の外交をした人物ということで外交の元祖として祀られる。また、憲法制定をした人物として、憲法の元祖としても祀られる。これは近代独特の太子信仰と言えるでしょう。それに、太子の「承詔必謹《しょうしょうひっきん》」という言葉から……。

内田　出典は聖徳太子なんですか。「承詔必謹」。

釈　そうなんです。「天皇のお言葉は謹《つつし》んで承《うけたまわ》る」、これが天皇絶対主義者の信仰を集めることになります。

それで戦後は、「和をもって尊し」の言葉から、和の精神をもった平等主義者・民主主義者と評される、といった具合です。

内田　面白いなあ。

釈　古代から現代に至るまで途切れることなく続き、しかも同じ人に対してこんなに評価や信仰形態が変わるのは、かなり稀有なのではないでしょうか。

内田　そんなに面白いものだったんですね、聖徳太子信仰って。

千四百年続く金剛組の太子信仰

釈　聖徳太子信仰は、日本の習合信仰・重層信仰のひとつであり、時代や社会が投影されているわけですが、コアの部分はやはり「日本仏教の祖」「観音信仰」あたりになるでしょうか。それが日本各地に根を張っています。ただ、現在の宗派仏教の枠組みでは見落としがちなところです。

内田　釈先生、ぜひ「太子信仰」書いてくださいよ。読みたい！　だいたいお札も聖徳太子でしたし、日本オリジナルの宗教的な元祖ですよね。歴史的に実在した人物で信仰の対象になっている人って、それはもちろん、菅原道真とか、徳川家康とか、崇徳《すとく》上皇とかいますけれども。

釈　はい、神道では「人並外れた存在は神として祀る」という形態があります。ですから、菅原道真をはじめ、さまざまな人物が神として祀られています。太子信仰にもそういう文脈は流れています。

そしてやはり太子信仰の拠点といえば、四天王寺や法隆寺になるのですが、ご存じのように、創業千四百年の世界の「金剛組」なども太子信仰を持っているようです。

内田　金剛組は、聖徳太子が創ったんですか？　さっきおっしゃった、大工さんたちに太子信仰が広まっているというのと関係あるんですか？

釈　金剛組は太子建立の四天王寺を作った人たちの系譜となります。建築関係の太子信仰は根強いわけです。それにしても創業千四百年とはすごい話ですよね。「創業」と「千四百年」との字面の組み合わせが、すごい迫力です。金剛組は、四天王寺の横に本社があるんですけれども、ずっと四天王寺を守り続けてきたのでしょうね。一時期、金剛組が倒産の危機に瀕したことがあって、そのときに同業の建築会社の人たちが、皆お金を出して支え合ったそうですよ。市場原理でいえば、ライバル会社の倒産を助けるなんてことはしないのでしょうが、そのときは「金剛組が潰れたら建築屋の恥だ」ということだったと聞きました。

内田　いい話だなぁ。

釈　今でも太子講が各地であるそうです。「南無聖徳太子、南無聖徳太子……」と唱えるんですよ。

内田　四天王寺のご本尊は、聖徳太子なんですか？

釈　先ほど言いました救世観音です。太子信仰独特の観音様です。

内田　面白いなあ。

無縁の人たちと天皇のつながり

釈　我々は現在の教団・宗派のイメージで考えてしまいがちですけれども、そこに組み込まれなかったものって、たくさんあるんでしょうね。たとえば、歴史に残らない民間宗教者みたいな人だって、たくさんいたわけでして。それに、「教団・宗派が存続しているから今も語り継がれている人」もいれば、「教団・宗派とは関係なかったので歴史に残らなかった人」もいます。内田先生の『日本習合論』では「日本の宗教者と芸能民は放浪していたんだ」といったお話が述べられています。そういった放浪の人なんかも、残っていない人が大半なのでしょうね。そこまで含めて、日本宗教のクセを考えないことには、どうしても現存の教団や宗派のバイアスがかかってしまいます。

内田　そうですね。あとは、日本宗教の一番根っこにあるのは「天皇制」ですよね。これも一種の土着の「宗教」と言っていいんじゃないかと僕は思うんですよ。いま釈先生が言われた、遊行する宗教者とか遊行する芸能民たち、いわゆる「無縁」の人たちは、これは網野善彦先生の請け売りですけれども、日本固有の宗教性のひとつの際立った特徴じゃないでしょうか。

古代以来、列島各地には「無縁の場」が存在しました。寺社、山林、市庭《いちば》、道路、宿、河原がそうです。無縁の人たちはこういうところを自由に往き来した。海民、山民、鍛冶、楽人、遊女、歌人、博奕打《ばくちうち》、巫女《みこ》、山伏、勧進聖《かんじんひじり》などなどが、それぞれの職能を生業《なりわい》として広範囲を移動したわけです。その際に、関や渡や泊や市庭や宿での自由通行の権利を彼らに保証していたのは原理的には天皇だったんです。無縁の場の支配権は鎌倉期までは天皇に属していた。ですから、この遊行の人々は、形式上は天皇の「供御人《くごにん》」という身分にあった。

これに類する仕組みって、ヨーロッパではあまり聞いたことがないんですよね。教皇が遊行する宗教者や芸能民たちの身分保障をしていたとか、教皇が一声かけるとヨーロッパ各地の遊行の民が集まって来て、バチカンを支えたというような話を僕は寡聞《かぶん》にして知らない。でも、もしかしたらそういう事例もあるかもしれない。知っている人がいたらぜひご教示願いたいです。

日本の場合は、後醍醐天皇の「建武の新政」というカラフルな事例があります。後醍醐天皇のときには、内裏《だいり》にはどこから来たとも知れない異形の人が闊歩《かっぽ》して、内裏を汚して困るという話がありました。

今でも天皇の葬礼には八瀬《やせ》童子が来て、棺を担ぎますね。「童子」というのは要するに「世俗の秩序の外側にいる人間」という意味です。酒呑《しゅてん》童子も茨木童子も京童《きょうわらべ》も牛飼いも童形・童名です。世俗の権力にまつろわぬ「無縁」の人たちです。この世界の「外部」につながりを持つことができるこの無縁の人たちを統括していたのは、制度的には天皇だった。つまり天皇は秩序の壁に穿《うが》たれた「外部」との交通をコントロールする存在だったということです。

「無縁」というのは、哲学的な用語で言い換えれば、「外部」とか「異界」とか「他者」とかいうことになるんだと思うんです。だから、すぐれて宗教的な現象とみなしてよい。でも、「無縁」はさしあたりは歴史学の研究対象にとどまっていて、宗教学の直接の研究対象にはなっていないんじゃないでしょうか。

さっきの太子信仰の話で、「大工さんと聖徳太子のつながり」というお話が出ましたよね。大工も発生的には「無縁の民」に類別される。鍛冶、鋳物師、番匠という職能者も無縁の人たちなんですが、「番匠」というのは古代中世において木造建築に当たった職人のことです。だとすると、太子信仰というのは、天皇と供御人の関係と重なるんじゃないでしょうか。

「近代の限界」に必要となるプリミティブな感覚

釈　ところで、『日本習合論』の中で、「今、あらためて習合的思考や習合的信仰のようなものが、立ち上がってきているんじゃないか」と書いておられますが、それについてはいかがですか？　これまで途切れていたもの、これまで抑圧されていたものが、もう一度復興している、といった実感をお持ちでしょうか。それとも、螺旋《らせん》状に深まるかたちで、新しいものが生まれつつある、と感じておられるんでしょうか。

内田　どうなんでしょうね。やっぱり、「近代の限界」がきているからだと思うんですよね。グローバル資本主義の限界がきて、もう資本主義がこれ以上立ち行かなくなっている。もう長くはもたないだろうということをみんな漠然とではあれ感じている。このまま資本主義が暴走し続ければ、いずれ環境破壊が亢進《こうしん》して、人間が地球に棲息できないところまでゆくかもしれない。

それにもうほとんどの先進国は急激な人口減局面に入っています。もうしばらくは世界全体の人口は増え続けますけれど、二十一世紀の終わりでピークアウトして人類全体が人口減になる。これまで人類は総数が減るということを一度も経験したことがない。だから、人口が減ると何が起きるか、わからない。とりあえず資本主義は人口が右肩上がりに増加し続け、収奪すべき資源は無限にあるという「あり得ないこと」を前提に制度設計されていますから、どこかで限界に達します。そのときに、今の経済システムは大きな修正を余儀なくされる。でも、前代未聞の経験ですから、そういうときにどうしたらいいか誰も知らない。

そういう場合は、皮膚感覚とか、直感とか、原始的なセンサーしか頼るものがない。整合的な理説に基づいて、正解を提示するということがもうできない。「理屈ではそうかもしれないけれど、なんかダメっぽい」とか「やったことないけれど、なんかいけそうな気がする」とかいう動物的な判断に頼るしかなくなる。

その場合だと、もう「正否・真偽」というデジタルな区切りではなく、もっと大雑把な「この辺」とか「だいたいあっちのほう」というようなアナログな方向づけしか人間にはできないんじゃないかと思うんです。「ここからここの間は大丈夫」とか「この線からこっちはオッケーだけれど、それを過ぎるとちょっと危なそう」というような「人間が棲める場所」と「人間が棲めない場所」を直感的に判別できる知性と身体感受性が必要になると思います。そういう場合は「この辺までは平気」とか「あの辺から先はダメ」というアナログな「程度の問題」しか使えない。「あらゆる問いはこれで解決」というマスターキーのような理説では対処できない。

レヴィ＝ストロースが「ブリコラージュ」ということを言ってますよね。インディオがジャングルの中を歩いていて、何かを見て「これはそのうち何かの役に立つかもしれない」と思ったものを背中の袋に放り込む。それが何に役立つのかは、拾った時点ではわからない。でも、「なんとなく、そのうち役に立つ気がする」という直感に従う。資源の乏しいジャングルの中ですから、何かが必要になったときに、「じゃ、コンビニに行って買ってきて」とか「Amazonで配達してもらおう」という訳にゆかない。いずれ要ることになりそうなものは、それがいつ、どういう状況で「要るもの」になるのかわからないままに、見たときに拾っておく。あとで「しまった、あのときに拾っておけばよかった」と思わないように彼らは先駆的直感を重んじる。これからの世界でもそれと似た感覚が要求されるようになると思うんです。

釈　現代だと、そんな調子で拾っていたら、ゴミ屋敷ができてしまいそうですが（笑）。我々が持っている賢《さか》しらな知恵で裁いていく、という態度はちょっと横に置いておいて、不明は不明のまま抱えようじゃないか、という態度は、原初的な生きる力を底支えする気がします。

東洋が鍛えてきた「レンマ」という論理

釈　たとえば、矛盾を矛盾のまま抱えるのは、ある種の胆力といいますか、知性と体力が必要な感じがします。矛盾した状態を抱えたまま歩くための耐性をあげていかねばならないのではないですか。

内田　今は切れ味のいい、難問を一刀両断してみせるタイプのクリアカットな知性が優れた知性だと考えられていますけれど、これからは知性に対する評価軸を変えたほうがいい。「頭がいい」ことじゃなくて、「頭が大きい」とか「頭が丈夫」というほうが大事になるんじゃないでしょうか。

釈　「頭が丈夫」(笑)。「頭がタフ」とか。

内田　そうです。「頭の器が大きい」といろいろなものが入れられる。正しいもの、価値あるものだけじゃなくて、「なんだかよくわからないもの」がごろごろしている頭のほうが危機的状況に対処する力は高いということです。

孟嘗君《もうしようくん》は「食客三千人」と言われましたけれど、その中には「泥棒の名人」とか「鶏の鳴きまね名人」というような何の役に立つのかわからない食客もいました。でも、後にこの泥棒が盗み出した宝物のおかげで王の怒りをとりなし、鳴きまね名人のおかげで、まだ夜なのに函谷関《かんこくかん》の門番に「もう夜が明けた」と思わせて、追手から逃れることができた。これが「鶏鳴狗盗《けいめいくとう》」という故事ですけれども、まさに「そのうち何かの役に立つかもしれない」と思って徒食させていた食客たちが孟嘗君の危機を救った。

僕が言う「頭が大きい」というのは「食客三千人」に近いんです。頭の中に「何の役に立つのかわからない知識や情報」をランダムに溜め込んでおいて、そのすべてを差別しないで、等しく扱う。もしかしたら、後になって「ああ、無駄飯を食わせたなあ」ということになるかもしれないけれども、危機の時代には、これが一番たしかな安全保障だと思う。

釈　なるほど。『ポストコロナ期を生きるきみたちへ』(晶文社)でも少し書いたんですが、東洋には、はるか古代から「ロゴス」だけでなく「レンマ」という矛盾を矛盾のまま論を進める知性があります。レンマは、ジレンマ(二律背反、二つのレンマ)のレンマです。古代インドの「シュコーティ(律)」のギリシャ語訳がレンマです。律とは原則のことで、二つの原則が相矛盾したら、そこにコンフリクト(葛藤状態)が発生します。このコンフリクトによって人類は知性や情性を鍛錬してきました。インドには「テトラレンマ」という論理がありまして、四つの律といった意味になります。

　形式論理学の同一律（Aは事実である）、矛盾律（Aが事実であれば、非事実ではない）、排中律（Aは事実か、非事実か、どちらかである）というのがありますが、ロゴスってこういうベースでできあがっています。ところがレンマだと、「Aは事実であり非事実である」とか、「Aは事実でもなく、非事実でもない」などといった思考を鍛錬してきました。これは空の論理にも使われることになります。

　考えてみたら、矛盾したものが自分の中に共存するとか、矛盾を抱えたまま生きていかねばならないなんてことは、我々の人生ではしばしば起こります。きれいに割り切れるほうが少ないかもしれません。矛盾を矛盾のまま置いておくところに、クリエイティブな知性や深い情性が成熟するのでしょう。少なくとも、東洋にはそれを大切にしてきた長い歴史があります。いつの間にか「ロゴス」に駆逐されて、「レンマ」を忘れがちになっている。しかし、地下資源のように脈々と流れている「レンマ」に注目する手があると思います。レンマはまさに習合論的な理路です。矛盾が矛盾のまま成り立つ。

コロナ流行で気をつけたい「二項対立のワナ」

釈　これも『ポストコロナ期を生きるきみたちへ』に書いたことなんですが、この新型コロナの感染症問題で二項対立傾向が強化されている気がします。これはレンマに注目するのとは、まったく逆方向になります。ここはひとつ、我々は足元をすくわれないように、気をつけなきゃいけない。

　実は自分自身にも、そんな経験があったんですよ。二〇二〇年の春から、マスクを着用するようになったのですが、マスクして街を歩き出すと、マスクしていない人が気になる、という自分に驚きました。今までそんなことを気にするタイプじゃなかったのに、たかがマスク一枚付けただけで、マスクしていない人がとても非常識というか不見識に見えたりして。マスクしている側と、していない側といった二項対立の枠にはまった自分に驚いたんです。我々の脳は二項対立で認知するクセがあるのだと思います。よほど気をつけないと、この図式でものごとを見てしまう。

内田　なるほど。

釈　考えてみたら、仏教は二千五百年以上にわたって「二項対立のワナに気をつけろ」と言っている面があります。その極限が空思想です。我々は、あらためて二項対立に足元をすくわれないための英知に耳を傾ける必要があると感じています。

内田　コロナは「ただの風邪だ」と言い捨てる人もいれば、家から出ないで、人と会わないでひたすら怖がっている人もいる。両極に分かれています。専門家の話を聞いても、要するに「ウイルスのふるまいについてはよくわからない」ということなんですよね。よくわからないときには、「これは絶対いいんだ」とか「これは絶対間違っている」というような二項対立的な発想はしないほうがいい。経験的に有用な対策があれば採り入れ、やってみたけれどあまり役に立たないことだとわかったら止める。それくらいの無原則で、ゆるい対応でいいと思うんです。

ひとつだけはっきりわかっているのは、「感染経路を物理的に絶てば感染しない」ということですね。「マスクする」も「手指消毒する」も「ソーシャル・ディスタンシング」も「都市のロックダウン」も、スケールは違いますけれど、やっていることは全部同じで、「感染経路を遮断する」というだけの話なんですよね。でも、それを、どのスケールで、どこまでやるのかについてはケースバイケースで判断するしかない。

釈　今おっしゃったように、「コロナたいしたことない派」と、「コロナ恐るべき派」とが、お互い相手のことを、知性がないように非難し合って、対立構図になりがちです。もうちょっとその隙間を埋める言説や感性が大事な局面ではないかと。感染症はすべての人が当事者であり、情報や有効手段を共有していかねばならないのに、分断方向へ進むのは得策ではないでしょう。双方を採り入れながら、だましだましやっていく道筋はないものなのでしょうか。

内田　いくらがんばっても感染経路を一〇〇パーセント遮断することなんかできません。マスクを外した瞬間に飛沫が飛んできて感染するのは防げない。「ゼロリスク」なんてあり得ないんです。だから、なるべく罹《かか》らないように努力する。罹ったら、なるべく重症化しないようにする、なるべく人に感染させないようにするくらいですね。

第二章

夕日の習合論

1　人類共通と日本特有――二つの「夕日の宗教性」

「おかえり」「また逢おう」

釈　今回のテーマは「夕日」です（笑）。さすがの内田先生も、こんな変なテーマで対談するのは初めてではないでしょうか。

そこでまずは私のほうから「夕日の宗教性」について、手がかりになるようなお話をさせていただきます。もちろん、「宗教学では、夕日の理論がある」というわけでもなく、私の直観に近いような話でして、エビデンスもありません。これが習合論とうまく嚙み合っていくのかどうかも不明です。とりあえずボールを投げてみて、内田先生がどんな反応をしてくださるのかを楽しみにしています。

「夕日の宗教性」について、二つほどポイントを挙げたいと思います。ひとつは人類共通の側面、もうひとつは特定地域の側面となります。

「人類共通の側面」からお話しします。きっと古代の人には、太陽が東から出て、西に落ちて、また同じように次の日も東から太陽が出てくるって、すごく神秘だったことでしょう。これは人類にとっての大きなテーマである「死と再生」へとつながります。毎日生まれては消えていく、そこに大きな生命の循環も感じていたにちがいないと思うんです。そこで日が沈む「西」の方向は、帰る世界を表現・象徴することになる。この人類の体験は、宗教発生にも結びつくことになります。

宗教がどのように生まれたのかについて、「儀礼発生説」と「神話発生説」があります。「儀礼発生説」は、あるコミュニティの中で行われた儀礼、たとえばイニシエーション（通過儀礼）を経て共同体のメンバーになるとか、死者を埋葬する死者儀礼とか、そんなことを人類は営むようになり、ここから宗教が発生したとする説。

もうひとつは、「我々はいったいどこからやってきたのか」「どこへ行くのか」といった人類ならではの難問に対して、ひとつの物語（神話）が提示されることで宗教が生まれたという説。

どちらからたどっても、死者の行く先や生命の循環は重要な鍵です。その中で、帰っていく世界の象徴である西に沈む夕日は、人類の宗教性を考察する手がかりと言えます。このところを、もう少し情緒的に日本の宗教心へと結びつけて考察しますと、「ただいま」

「おかえり」の呼応だ、といった表現も可能だと思います。このやりとり、この呼応こそ、日本の宗教風土の深いところに根を張っているものではないかと。私がこういうことを言いますと、「浄土真宗に偏り過ぎた見方だ」と思われるかもしれませんが（笑）、むしろこのような宗教風土があるから浄土真宗のような仏教思想が発達したという気がするんです。

そして、この呼応にポイントが二つほどありまして、ひとつは、「おかえり」に表徴される〝無条件の受容〟です。無条件の受容は、人類の宗教性を考察する上で大きな手がかりだと思います。これが人類の宗教性を根底から支えているのではないかと思うほどです。そしてもうひとつは、〝また逢う世界〟です。人は、「また逢おうね」と言って、別れていきます。これもまた宗教性や生命観を読み解く上での手がかりでしょう。中国語の「再見（ザイチェン）」ってよくできた言葉ですよね。

日本語の「さようなら」は、「左様ならば」からできているので、「そういうことであれば」と言って別れるんですね。なかなか味わい深い言葉です。ちょっと不思議な言語感覚だという気もします。なんだかその場をすべて肯定して別れるお作法みたいじゃないですか。

そのあたりをまとめますと、「夕日」は「ただいま」「おかえり」という呼応の世界の象徴とされてきた。それは帰る世界であり、また逢う世界でもある、そんな受容性を体現しているのではないかと。ここは人類共通としての側面です。

日本に古来たくさんある夕日が沈む聖地

釈　もうひとつ、地域性や個別性の側面があります。たとえば、勝手な想像ですが、アフリカの草原とか、ジャングルとかだと、夕日の赤色を「これから夜という危険な世界の帳《とばり》が下りる、悪魔の色」と感じるのかもしれません。我々は、夕日の赤を、なんとも言えない郷愁を誘う色と感じたりするのですが、当然そのあたりの感性は地域によって異なるでしょう。

そういった地域・風土・地勢などから考えると、日本という東の端の列島における「西に沈む夕日」は、かなり独特な象徴性をもつことになるのではないかと想像するわけです。そしてこのあたりは、内田先生の『日本辺境論』にも関わってくることになります。西からやって来た人たちにとって、東のどん詰まりが日本列島ですから。

古代の日本列島における表玄関のひとつに出雲地方があるのですが、出雲は有名な夕日の名所でして、出雲観光協会は「夕日指数」を発表しているんですよ（笑）。稲佐《いなさ》の浜とか日御碕《ひのみさき》といった夕日の景勝地があります。出雲大社は、「アメノヒスミノミヤ」という別名があって、「アメノヒスミ」というのは、天の日の隅っこといいますか、沈んでいくところ、という意味だったと考えられます。日御碕神社には、「ヒシズミノミヤ」という社《やしろ》があります。

日本列島各地では、まだ日本がひとつの国としてきちんと確立していない時代から、西に沈む夕日というものに深い宗教性を感じていたにちがいありません。その後、日本の中心は畿内に移るんですが、畿内から見れば出雲は西の方角にありますので、「西に聖地がある」という感覚があったはずです。

古代では、日本海側のほうが先進地域なので、日本海側の各地に夕日の宗教性を担保するようなところがあった。その残り香は今でもあると思います。以前、新潟のあるお寺に行ったときに、本堂の縁側に住職と二人で座って、落ちる夕日を見ていたんです。そこは高台にあるお寺なのですが、すぐ目の前が海なんですよ。住職が言うには、お彼岸の頃には、門の真ん中に夕日が落ちるようになっているんです、と。八百年前の親鸞もこの夕日を見ていたのかな、と思うと一気に時空を超えて先人とつながるような感覚を覚えました。

ご存じのように、西に夕日が沈む宗教性のある場所、つまり夕日の聖地は日本各地にありまして、中でも四天王寺の西門がよく知られています。後ほど取り上げる予定のお能

「弱法師《よろぼし》」の舞台です。この場所は、さまざまな芸能で描かれています。

　また、海に沈んでいく夕日だけじゃなくて、西の山に落ちていく夕日についても考えてみたいと思います。これは日本のオリジナリティが高いモチーフです。代表的なものとして、「山越阿弥陀《やまごしあみだ》図」があります。「山越阿弥陀図」は日本独自の宗教画です。この画にまつわる有名な場所として二上山があります。古代の大和から見れば、西のほうには二上山がありまして、そこは夕日が落ちていく場所なんです。その山の向こうには南河内の古墳群があります。西の山の向こう、夕日が沈むところに帰る世界があるという信仰なのでしょう。いわば日本版「王家の谷」ですね。

　こんな調子で、どうも夕日ははるか古代からこの列島の宗教性を生み出してきたんじゃないかと。

　もうひとつ付け加えますと、日本人の生命観や来世観はわりと独特です。仏教が大きな影響を与えてきたのは間違いないとしても、どう考えても仏教の生命観や来世観とも異なる。神社神道と一致しているわけでもない。とにかくひとつの宗教ですっきりとできあがっていないんです。もちろん地域によっても異なります。とにかく漠然としている。死者はどこかの異界へ行くのですが、ときどき帰って来るといった感覚が強い。いわば往還する生命観とでもいうべきものです。そしてその出入口のひとつに夕日への信仰がある。

感覚的な話や類推ばかりで申し訳ありませんが、このあたりを手がかりにお話を膨らませていければと思います。

中国とアメリカの“Go West”

内田 ありがとうございました。元々、釈先生はすごく筋目の正しい宗教学者なんですけれども、僕と長く付き合っていくうちに、だんだんとエビデンスが無い思いつきをつい口にするという内田の手法が感染してしまったようですね（笑）。

釈 はい、だんだんとそっちの思考が発達してきたようです（笑）。

内田 やっぱり宗教性って、人間の身体と心の深いところから発するものですから、学術的な説明ではうまく片づかないものが多いと思うんです。別に学術的に説明してもいいんですけれど、宗教については、どんな説明も「説明し過ぎ」か「説明し足りない」か、いずれかであって、僕はそういうときに「うまく説明できないもの」につい惹かれてしまうんです。今日はこの「夕日の習合論」ですけれど、これ、できあいの宗教的な概念ではうまく説明できない話ですね。

釈 かなり奇抜なテーマを掲げてしまったのですけれども……。今回はこれで大丈夫でしょうか？

内田　いや、面白いです。すごく深いです。お話をうかがっているうちに、たくさんトピックを思いつきました。最初にですね、人類には夕日に対する独特の感性があると思うんです。僕もそれについては昔考えたことがあります。

世界の歴史を見ると、だいたい人類は西に向かうんですよ。民族大移動の事例ってたくさんあるんですけれど、ほとんどが“Go West”なんです。“Go East”って、事例が少ないんです。あっても、計画的なんです。軍略的に必然性があるので、東へ向かう。ただなんとなく気がついたら東へ足が向かっていた……ということはあまりないんです。アレキサンダー大王の東征と、十字軍と、大航海時代くらいじゃないかな……。でも、数えてみたらけっこうあるな（笑）。まあ、言ってみれば、どれも不自然な行動と言えば不自然な行動なのかもしれない。

ともあれ、「東へ向かう」ということが人間にとってけっこう不自然な動作なのではないかというのが僕の仮説なんです。「オリエンテーション（orientation）」という言葉がありますね。もともとはキリスト教の教会を祭壇が東に向くように建てることですけれど、今は新しい環境でどういう方向に行くのか方向定位する意味でよく使います。大学でもやりますね、「新入生オリエンテーション」を。でも、「みなさんが行く先はあっちですよ」

って教えないと自然に東のほうには向かわないというのは、もしかすると人間の本性として東に向かう趨向性《すうこう》はあまり強くないということを意味するのではないか。

だって、「東のほうに向ける（orientate）」という動詞はあるのに、「西のほうに向ける（occidentate）」という動詞はないから。それは「西へ向かう」というのは人類にとって自然な動作なので、わざわざ「西はあっちだ。あっちへ行け」と指示する必要がなかったということではないか、と。いや、僕はこういうことに興味があるんです。どうして「オリエンテイト」という動詞があって、「オクシデンテイト」という動詞はないのか。「あってもいいはずのものがない」ということが気になる……というのが僕のものの考え方なんです。「なぜ、この出来事は起きたのか」よりも「なぜ、起きてもよいはずのこの出来事は起きなかったのか？」に興味が向く。

最近、中国の西太平洋戦略が話題になりますね。ついこの間も、姜尚中《カンサンジュン》さんとその話をしたんですけれども、果たして中国は「東征」するだろうかという話題になって、「中国は東海にはあまり興味がないのではないか」という話を僕はしたんです。

地政学的合理性から言ったら、東シナ海、南シナ海に進出して、西太平洋を版図に加えるというのは世界戦略上はたしかに合理的な選択です。でも、漢民族のコスモロジーのうちには「東に行く」という趨向性はないんです。漢民族って、何かというと西に向かうんですけれど、「東海」にはあまり興味を示さない。過去に国を挙げて東に来たのは元寇《げんこう》のときですけれど、あれは漢民族じゃなくて、モンゴル族ですからね。

釈　中国のほうから見たら「東にはたいした地域はない」という感じなんですかね。

内田　どうしてだかよくわからないんです。ただ中国人の華夷《かい》秩序のコスモロジーからすると、東海はある種の「ミステリーゾーン」なんですよね。中国史に残っている「東に行く話」というと、元寇を除くと、あとは秦の始皇帝に仕えた方士の徐福《じょふく》が不老長寿の秘薬を求めて、蓬萊《ほうらい》山へ向けて船出して、二度と戻って来ませんでした……という話くらいしかないんです。

七世紀に白村江の戦いがありましたね。あのときに、日本は唐と新羅の連合軍に白村江の戦で大敗を喫して、ほうほうの体で逃げてきた。当然、このあと唐の軍があとを追って日本列島へ攻めて来ると思った。誰だってそう思います。だから、あわてて防人《さきもり》の制をつくり、水城《みずき》を建設し、沿岸の難波から内陸の大津に都を移して、唐軍の襲来を待ち受けた。でも、ぜんぜん来ないんです。待てど暮らせど唐の軍船が攻めて来ない。

そのうちにそっと遣唐使を送り出したら、別にこれまでどおりにふつうに歓待してくれた。七世紀の東アジアで、その時点で唐に朝貢していなかったのは日本だけなんです。だから、唐はその威容を示すためにも日本列島に軍事侵攻する理由は十分にあった。でも、来なかった。理由は不明。たぶん「なんとなく気が進まなかった」ということだと思うんです。歴史学者は「どうしてある出来事は起きたのか」については資料に基づいて説明してくれますけれど、「どうして『起きてもよかった出来事』は起きなかったのか」については説明してくれない。それは歴史的事実じゃないから、歴史学者の関心の埒外《らちがい》なんです。でも、僕はそれが気になる。どうして唐は日本に来なかったのか。

中国は漢代からずっと“Go West”なんです。張騫《ちょうけん》とか李陵《りりょう》とか衛青《えいせい》とか蘇武《そぶ》とか霍去病《かくきょへい》とか、そういう人たちの名前は僕たちにもなじみ深いものです。西へ向かった武人たちの武勲については無数の物語がある。でも、東へ向かった武人の逸話はひとつも知られていない。西に行っても別にたいしたものはないんですよ。遊牧民がいるだけで、草原と砂漠が広がっている。そこを占領しても、別に資源があるわけではない。今だったら「モンゴルの地下にはレアメタルがある」というような理由で西征が合理化できますけれど、当時はそんなこと誰も知らないし、興味もない。もちろん匈奴《きょうど》が繰り返し王土を侵略してくるわけですから、国防上の必要性はありました。でも、西へ向かう趨向性はそういう合理的なものだけに根拠があるわけではないと思うんです。

釈　たしかにそうですねえ。

内田　西へ向かうという根源的な趨向性は人類に共通しているんじゃないかという気がす

るんです。ゲルマン民族の大移動もそうだし、近代最大の“Go West”と言ったら、アメリカの西部開拓ですよね。

アレクシス・ド・トクヴィルも『アメリカのデモクラシー』に書いていますけれども、開拓民たちが西へ向かった情熱も、合理的な理由だけでは説明がつかないんです。

ホームステッド法という法律が十九世紀にできました。移民たちが公有地を開墾して、五年間そこに家を建てて定住すれば、一六〇エーカーの土地が無償で払い下げられるという気前のよい法律です。ヨーロッパで食えない人たちがチャンスを求めて新大陸にやってきた。この“Go West”は合理的な行動です。

でも、トクヴィルが伝えているのは、ヨーロッパからやってきて、イリノイやウィスコンシンのあたりで森を切り拓いて、土地を開墾して、家を建てた人たちが、そこに定住せずに、せっかく開墾した土地を捨てて、ふたたび幌《ほろ》馬車に家財を積んで、さらに西へ向かうというケースなんです。トクヴィルは一八三〇年頃、まだミシシッピ川以西が未開地だった時代に当時のフロンティアを回るんですけれども、開拓者が開墾地を捨てて去った痕跡をあちこちで見かけた。

それをトクヴィルは「病だ」と言っているんです。「なぜ彼らが熱に浮かされたように西に向かうのか、私には理解できない」と。トクヴィルの時点でのフロンティアはミシシッピ川、フロンティアの消滅が宣言されたのは一八九〇年。わずか六十年間で、ミシシッピ川から太平洋までを全部開拓してしまった。その情熱は、「定住すれば自営農になれる」という経済合理性では説明できない。だって、せっかく原野を切り拓いて自営農になった人たちがさらに西へ向かったからです。何らかの強い精神的な方向づけが働いていた。先ほど釈先生が「宗教性」とおっしゃっていましたが、それに近いものがあったと思うんです。「西へ向かう」というのは、まさしく夕日に向かって進むということなんですから。

危険と安全の二つを含意する

釈　今の「西に行く」というお話をうかがって、ちょっと思いついたんですが。もし人類の発祥地がアフリカであるならば、アフリカを脱出して、エジプトあたりを通って、メソポタミアあたりで人類初の定住が始まったと。でも、そこから東に行くのはかなり困難だと思うんですよね。

内田　アフリカから出た人類はまずは東に行っているんですよね。

釈　西に行くグループと、東に行くグループがあるんですけれども、東はせいぜいインドぐらいですよね。なにしろそこから先は東に行けば行くほど過酷な地形になっています。

インドの東側はエベレストなどの高い山に囲まれています。直接東には行けないんです。インドから東は、いったんぐるりと迂回することになります。だから仏教も、インドから直接東へと伝わりませんでした。いったん西へ伝わってから、東へやってきたんです。ですから、仏教は、中国へ来た時点ですでに西側の文化・思想が混在していたわけです。すでに習合していたんですね。

内田　ペルシャの文化とか、ギリシャの文化とかと混じり合っているんですね。

釈　人類発祥地からの地勢を考えると、西へ西へと進むのがナチュラルだったかもしれませんよ。

内田　なぜ人は西へ向かうのか、その理由を考えたんですけれど、さっき釈先生がおっしゃっていたように、アフリカの原住民の人にとって、夕日が悪魔の時間というのは、そのとおりだと思うんです。夕日には、太陽と暗闇の両義性があるから。人類の黎明期においては、夜というのは、非常に危険な時間帯だったわけですよね。もう真っ暗で何も見えない。夜行性の野獣が襲ってくるかもしれないし、異族の襲来にも備えないといけない。地形が見えないから、夜間の移動というのはリスクが高すぎる。だから、知らない土地を移動している人たちは、日が暮れる前に安全な場所を見つけて、そこで夜を明かす必要があった。

もし、日が暮れかけてきたときに、見知らぬ土地で、どちらに向かって歩くかということを決定しなければいけないというなら、当然一秒でも長く日照時間を稼ごうと思う。そしたら西に向かうしかない。未知の土地において生き延びる可能性を最大化するためには「西へ向かう」のが合理的な選択だったはずなんです。

釈　そうか、それはあり得ますね。そしてそれがある種の習い性となって、身体化していく。そうなれば西の方角自体に意味が生まれる。

内田　沈んでいく夕日というのは、危険が次第に増大してくるというカウントダウンでもあるわけですから、禍々《まがまが》しいアラームであったわけですけれども、夕日が見えているかぎりは、夜を過ごす安全な場所を見つけられる可能性がある。だから、危険と安全の二つを両義的に意味するということがあったと思うんです。

そのような両義性を昇る朝日に対しては感じないような気がするんです。朝日はこれから世界が明るくなってきて、生き延びる可能性が高まることを意味しているわけですから、プラスのイメージだけで、危険や不安をもたらす要素がない。でも、沈む夕日は両義的だった。夕日は「暗闇と明るみ」「恐怖と希望」「不安と安堵」、そういう対立項を同時に含意することができた。そういう意味では、朝日よりもはるかに人間にとっては複雑な感情を醸成する自然現象だった。そういう解釈はどうでしょう。

釈　そうだと思います。両義的なものに対しての人類の警戒というのは、ただならぬものがあります。両義的なものには手を出さないで、とにかくそっとそのままにしておく。そこにタブーが生まれ、聖性も生まれてきたわけですから。今、お話をうかがって、夕日ならではの宗教性というものが、うまく自分の中で腑に落ちたような気がします。

富士見坂と潮見坂が交わるところ

釈　先生が生まれ育ったところの夕日って、どんな感じなんですか？　私などは、谷間のような地形に生まれたので、昇るのも山、沈むのも山という感じで、海に沈む夕日というイメージは、もともと身体的にないんです。

内田　東京だと、西に沈む夕日を見るというのは、それ自体かなり宗教的な経験だったと思います。東京から西を見ると、そこには霊峰富士山が見える。手前には、大山《おおやま》が見える。大山も江戸時代には山岳信仰の対象でした。ですから、東京から夕日を見るというのは、二つの霊山の彼方に夕日が沈むのを見るということだった。

これは前にも何度かお話ししましたけれども、東京の人間って、「ドライブ行こう」という話になると、必ず西に向かうんです。皇居から真西へ向かう青山通りを走って、多摩川を渡る。その先には第三京浜、東名高速があって、どちらかを選んでとりあえず西へ向かう。横浜を通って湘南海岸に出て、時間があれば、小田原を抜けて伊豆半島に向かう。左手に海を見ながら、富士山めざして走るというのが東京キッズにとっては「ドライブの自然」なんです。

僕が高校生や大学生の頃に、「ドライブしようぜ」というときに、じゃあ隅田川に行こうとか、九十九里浜に行こうとか、筑波山を見に行こうというような提案をした人には一度も会ったことがない。もちろん、そこに用事があれば行くんでしょうけれど、目的もなく、ただ車を走らせるときは必ず西へ向かった。

ユーミンの『中央フリーウェイ』っていう歌があるじゃないですか。東京西部の風景を歌った「国ほめ」祝福歌としては歴史的傑作だと思うんですけれど、これって都心から西へ向かう歌なんですよね。彼女は実家が八王子の人ですから、この歌は、彼氏が運転する車に乗って東京まで行って、日が暮れたので中央高速で八王子の家まで送ってもらうというデートの話なんです。でも、歌詞は「右に見える競馬場　左はビール工場」からわかるとおり、西に向かう一方通行の歌です。東へ向かう行程は歌詞にない。「これから都心でデートだ、楽しいな」という話はなくて、西の山間に日が沈んで道も次第に暗くなり、楽しい一日もやがて終わるという歌なんです。

サザンオールスターズの『勝手にシンドバッド』の歌詞には「江ノ島が見えてきた　俺の家も近い」というのがありますけれど、桑田佳祐さんの家は茅ヶ崎ですから、江ノ島が見えてきたのは鎌倉から海岸通りを西へ向かっていたからなんです。これが「小田原を通り過ぎた　俺の家も近い」という歌詞だったら、あれほどのヒット曲にはならなかったんじゃないかと思う。東京近辺について言えば、「東へ向かう」移動の線には心がときめかないんです。

釈　ほほお、なるほど。

内田　東京には強い方位を持った線が二つあるんです。ひとつは今言った西に向かう「富士見坂」、もうひとつは東京湾に下る「潮見坂」。僕の友人で以前ある百貨店の店舗開発をしていた人がいるんですけれど、彼から店舗開発には江戸の古地図を参考にしているという話を聴いたことがあります。そのときに「どういう地形のところの店がはやるか知っている？」と訊かれました。僕が知らないと答えると、昔から富士見坂か潮見坂に面した店が繁昌するのだと教えてくれました。つまり、坂を下りてゆくときに、正面に富士山が見える通りか、正面に海が見える通りには自然に人が集まって来る。

六本木って、東京で一番人が集まるところのひとつですけれど、どうしてあんな不便なところが盛り場になったのか僕は久しく不思議でした。交通の便も悪いし。観光するところもないただの丘なんです。でも、地形的に言うと、六本木交差点は富士見坂と潮見坂の交点だということがわかる。南西に向かうと渋谷川まで下る長い坂道で、正面には大山と富士山が見える。南東はやはり長い坂道が芝浜に向かって下っている。今はビルがあって富士山も東京湾も見えませんけれど、六本木は東京でも稀有の、富士見坂と潮見坂の交点なんです。

釈　六本木って、そんなに高台なんですか。

内田　そうなんです。六本木って、神社仏閣があるわけでもないし、大店もないし、悪場所もないし、人が集まる要素がほとんどない。にもかかわらず東京屈指の盛り場になった。そういう土地の持っている固有の方位の力ってあると思うんです。

夕日が見える聖地に、原発が建てられた

内田　もうひとついいですか？　先ほど、日本で夕日を見る名所は、基本的に日本海側ということがありましたよね。実は先日、西伊豆の松崎という温泉に行ったんですけれども、そのときに気がついたのは、西伊豆には鉄道が通っていないということなんです。

釈　え、そうなんですか。

内田　温泉に入って、海を眺めていたんです。そしたら富士山が見えて、その手前の駿河湾に夕日が沈んでゆく。きれいだなあと思っているうちに、「富士山と海に沈む夕日が同時に見えるポイントって、太平洋岸には西伊豆しかない」ということに気がついた。そのときに「だから、西伊豆は発達しなかったんだ！」ということが腑に落ちました。

釈　それは、どうしてでしょう？

内田　日本海の夕日の名所って、出雲から京丹後、新潟、山形、秋田まで、どこもあまり産業が発達していないんです。夕日の名所は交通の便が悪い。たぶんそれは、そこが基本的に「聖地」だからなんですよ。聖地だから、簡単には人が近づけない。そこであまり世俗的な商売をやったり、工場をつくって、煤煙《ばいえん》を噴き上げたり、海に工業排水を流したりということは、どうしてもはばかられる。なんとなく畏《おそ》れ多いから。せいぜい、漁業をしたり、狭い土地で農業をやるとか、港を作って交易をするとか、それくらいのささやかな産業規模にして、あまり人口を増やさない。聖地はそっとしておかないといけないという宗教的な感性というのがあったんじゃないか。

釈　たしかに、能登半島にしても、潮岬にしても、夕日がきれいに見えるところは、工業化はされていないような印象がありますよね。私の勝手な印象かもしれませんが。あるいは、工業化されていないから夕日の名所として残っているのか。いやいや、でも、国東半島とか、尖《とが》ったところや半島は、だいたい聖地ですよね。

内田　そうですよね。中沢新一さんの「アースダイバー」説によると、「さき」とか「さか」とか「サッ」という音がつくところは縄文海進期には海に突き出した岬のような場所だったそうです。そこは人間の世界と異界の間の境界線をなしていたので、そこが聖地になる。だから、そういう場所には、神社仏閣や、墓地や、大学や、病院のような「異界との回路」機能を担うものが建てられる。岬には企業の本社とか、工場とかは建てない。不便だとかいうことよりも、なんとなくはばかられて。そこで生産性の高い事業を営もうという人がこれまでいなかった。だから、逆に、ある時点から夕日の名所にじゃんじゃん原発が建てられるということが起きたんです。

釈　では、原発はそこを逆手に取っているということなんでしょうか。皆が近づかないところだから原発にしやすい、といった理屈になっちゃったんですかね。

内田　そうなんです。原発は大量の冷却水が要るので、海か川の近くに建てられます。日本の場合は岬の突端は聖地なんですけれども、経済合理性だけでものを考える人間には、そこがなんの理由もなく経済的に活用されずに広い空き地になっているというふうに見えるらしい。だから、原発というのは、日本人が宗教性を失ったということの最大の指標なんじゃないかな。

2　アジールにいる異能の人たちが担う宗教性

東アジア独特の瞑想法「日想観」

釈　では内田先生、「弱法師」についてはいかがでしょうか。

内田　釈先生とは各地の聖地を巡って書籍も出していますが（東京書籍の「聖地巡礼シリーズ」）、最初の聖地巡礼のときに、釈先生のご計画で、上町台地を皆で歩きましたね。大阪天満宮のあたりから歩き始めて、四天王寺が終点でした。そこで皆で「日想観《じっそうかん》」というものをしたわけですよね。日想観については、釈先生からご説明いただけないでしょうか。

釈　はい。「日想観」というのは、『仏説観無量寿経《ぶっせつかんむりょうじゅきょう》』という仏教経典に出てくる瞑想方法です。『観無量寿経』は、インド語の原典がなく、漢訳がひとつあるだけのお経です。ですから、インド撰述《せんじゅつ》ではない可能性もあります。今のウイグルのあたりで成立した経典かもしれません。あるいは、インドで生まれた教説がいろいろな経緯を経て、中央アジアや中国で完成したのかもしれません。

このお経は、「王舎城の悲劇」と呼ばれる古代インドの有名な事件が背景となっています。「王舎城の悲劇」とは、父親である王様を幽閉して、息子が王位に就くという事件です。これについては多くの経典が取り上げているのですが、たいていは王位を奪う息子・アジャセを中心にして述べられています。中には父親・ビンビサーラ王が焦点となっているものもあります。しかし、母親のヴァイデーヒー（韋提希）が主人公になっている経典は『観無量寿経』だけなんです。

実の息子が夫を閉じ込めて王位に就く、という悲劇に見舞われた母親・ヴァイデーヒーはとても苦しみます。その苦悩に対して、ブッダは一番から十六番までの瞑想方法や日々の実践を説きます。そしてヴァイデーヒーは救われていくのですが、その第一番目が「日想観」なんです。日想観は、沈んでいく太陽を心に強く念じ、ついには目の前に夕日を観るという瞑想です。

十六の実践の中には、イマジネーションの極北にまでいかないとできなさそうなものもあるんですけれども、この一番初めの日想観は、我々でもできそうな気がします。実によくできていると思うんです。ただ「日想観」は『観無量寿経』だけに出てくる観法・瞑想法でして。そしてこれが東アジアではよほどしっくりきたのか、東アジア圏仏教に多大な影響を与えます。東アジアの仏教独特の観法・瞑想法として成熟してきた経緯があります。

日想観は日本各地でも実践されてきました。そして四天王寺の西門は、日想観を実践する場所としてとても有名なんです。先ほども少し話が出ましたように、春と秋のお彼岸には、西門の真ん中に夕日が沈むように設計されています。今もお彼岸になると、四天王寺の僧侶たちが日想観をされていますよ。

四天王寺は上町台地、つまり高台に建立されています。西門の向こうからは低地になっているんです。かつては海でした。だから四天王寺からは夕日がよく見えたんですね。今もけっこう見えます。上町台地の西側の低地は、いわゆる「悪所」なんですよね。猥雑《わいざつ》と言いますか、そういうものが低地に集まっていた。四天王寺から西へ向かうと、合邦辻《がっぽうがつじ》がありまして、そこから寺町筋を通って、千日前あたりまで歩くと、アジールというのはこういう地形に生まれるのかもしれないな、といった気になります。今日のお話も実感していただけると思います。

これがお能の演目「弱法師」、文楽・歌舞伎の「摂州合邦辻」、説経節の「信徳丸」、河内音頭の「俊徳丸《しゅんとくまる》」、落語の「菜刀息子《ながたんむすこ》」など、いろんな芸能で描かれているわけです。ただ、それぞれの芸能・演目によって、ストーリーはずいぶん違っています。けっこう多様なバリエーションがあるんですね。

となると、いったいこの物語のコアの部分は何なんだろう、と考えたくなります。とにかく共通しているのは、四天王寺という場ですね。

内田　「日想観」がない話もあるんですか。

釈　はい。日想観がまったく出てこないストーリーもあります。「難病で苦労している人が、四天王寺でなんとか生き延びる」というのが、だいたい共通しているところですので、このあたりが物語のキモになっているのだと思います。

「弱法師」のクライマックスは欠如における合致

内田　宗教的な施設の起源的なかたちには、人間の世界で、なんらかの理由で「スティグマ」を刻印されて、行き場を失った人たちを最後に受け入れる「アジール」だったということがあると思います。病者や貧者やあるいは障害を負った人は人間の世間に居場所を失っても、寺社には迎え入れられた。俊徳丸も弱法師も重い障害を負っています。どういう経緯でそうなったのかはいろいろ理由があるわけですが、最終的に四天王寺にやってきて、そこで施行《せぎょう》を受けて、人々の慈悲と、神仏の加護によってなんとか生きていく。それは宗教の原型的な機能だったと思うんです。四天王寺は日本最古の仏教寺院ですよね。その最も際立った機能は、弱者のためのアジールであった。そのことが、この説話群の伝える重要なメッセージだと思います。

釈　そうですね。たとえば、能の「弱法師」では、「難波の海ぞ頼もしき」という詞章がありますす。盲目のカメもこの海に包まれる、と語るのです。盲目の弱法師が受容されていく構図のメタファーですね。このことを謡い上げる。「受容されることによって救われる」という宗教性からできた詞章でしょう。

内田　「弱法師」の詞章で最も感動的なところは、弱法師が西門に立って、日が没していく海に向かって難波の風景を謡い上げるところですよね。弱法師は盲目の人ですから、四囲の風景は何も見えない。でも、「おう、見るぞとよ、見るぞとよ」と言いつつ、住吉の松影、草香山《くさかやま》、長柄《ながえ》の橋など難波の致景《ちけい》の数々を謡い上げる。これは、能の作劇術のひとつの偉大な達成だと思います。

だって、弱法師は盲目だから何も見えていないはずなんです。でも「見える」と言い張る。それは見所《けんしょ》（客席）にいる観客も同じなんです。能舞台には四天王寺もないし、西門の石の鳥居もないし、海もない。何も見えない。でも弱法師は「見える」と言う。観客としては、彼が幻視している風景に共感する以外に、その世界に入り込む手立てがない。ともに何かを欠いているという点において、シテと見所がひとつになる。これは芸術的なひとつの完成形だと思うんです。

能の名曲って、だいたいシテが「そこにないもの」を謡い上げるところが芸術のクライマックスなんです。劇中において「存在しないもの」は当然ながら見所の観客にとっても「存在しないもの」です。だから、そこでシテと見所が欠落感において結ばれる。そういう劇構成になっているんです。その構成は『松風』も『隅田川』も同じです。『弱法師』はそういう点でもきわだって構成が見事だと思います。

物狂い状態を経て鎮まるという中世の宗教性

釈 今、「芸術のクライマックス」とおっしゃいましたけれども、言い得て妙です。あれは仏教的に言えば瞑想の失敗です。物狂い状態になっていますので。日想観は成り立っていない。トランスに入ってしまって、いろんなものが見えてしまっている。『観無量寿経』で言えば「邪見《じゃけん》」になります。ところが、アート的には成功している。芸能としてはまさにクライマックスです。これがこの曲の面白いところです。そして、この問題はあとできちんと回収されることになります。

いったん物狂いの状態で、見所の人も巻き込んで、ある種の芸能的頂点まで引っ張っていくんですけれど、その後、弱法師はもう一度気を取り直して、「この難波の海は頼もしい。目の見えない俺も受け入れてくれている」と鎮《しず》まっていく。そういう仕掛けになっています。

ところで、この「海の受容性」という論点も注目すべきかもしれません。日本における海民系の宗教性では、海は帰る異界だというのが強くあります。そういえば、親鸞にも「凡聖逆謗斉回入《ぼんしょうぎゃくほうさいえにゅう》（衆水海に入りて一味なるが如し）」との偈《げ》があります。煩悩を抱えた者も、悟りをひらいた者も、あらゆる水が海に注いでひとつになっていく、といった内容です。

内田　いったん物狂い状態になって、それから宗教的なより深い覚知に至るというプロセスは、能の場合もそうですね。「修羅物」はそうです。自分がどんなふうに戦場で死んだのか、激しい戦いのさまを謡い上げた後に、煩悩が鎮まって、「あと弔《とむら》ひて賜《た》び給《たま》へ」と穏やかな気持ちで成仏する。

釈　物狂い状態は、ある種の攪拌《かくはん》でもありますから。異質なものもかき混ぜられて、融合して、それからおさめる。何やらいろいろ考えさせられるプロセスですね。

内田　一度、人間的な感情の、喜怒哀楽の極限状態までを一気に走り抜けて、それを踏破することで、人間的な感情や価値観とは異なるレベルに引き込んでゆく。そういう点では、能楽も一種の宗教的な実践だというところですよね。

習合的なモデルとしての在原業平と四天王寺

釈　内田先生は『日本習合論』で、「向こうからやってきたものを、とりあえずそのまま置いておこう」といった態度を養う必要性について述べておられますが……。

内田　そうです。基本的に、外来のものに関しては、これを「客人《まろうど》」として受け入れていく。まずは歓待する。それが大切だと思います。外来のものを敵視したり、押し戻したり、戦ったり、殲滅《せんめつ》したりする対象として観るのではなくて、とにかく応接する。もし、先方が「暴れたい」というのなら、そのあたりで一通り暴れていただいて、それで気がすんだらお引き取り願う。そのまま居着きたいというなら、共生して、混淆《こんこう》して、ゆっくりと同化する。それによって破局的な事態を回避するというのが、日本列島住民が太古から採択してきた生存戦略だったんじゃないかと思います。

以前、中沢新一さんと対談したときに話したのですが、在原業平《ありわらのなりひら》というのは固有名ではなくて、生存戦略のことだったんじゃないか、と。業平は都を出てからひたすら東へ行くわけですよね。当時の東日本は、蝦夷《えみし》の蟠踞《ばんきょ》する辺境です。当然そこで辺境の異族と遭遇する。でも、そこで敵対したり、教化したりということをしない、とりあえず現地の女の子たちと恋愛をして、子どもを作る。男同士の交渉ではなくて、とにかく二つの集団の間を男女の関係で架橋してしまう。ゼロサム的な対立にならないで、両方の「いいとこどり」をして混ぜてしまう……というのは、古代から列島住民が採用してきた戦略ではないかと思うんです。

釈 習合的な戦略を人格モデルとして表徴したのが在原業平だというわけですか。そうなると、習合的な場のモデルのひとつに四天王寺があるんじゃないですか。そもそも四天王寺は、海外から難波の入り江に船が入ってきたとき、上町台地の上にドーンと見えるように造られています。これは、「うちは先進国ですよ」という示威行為でしょうし、異物を迎える窓口でもあった。実際、四天王寺には中国系や朝鮮半島系の文化の痕跡がたくさんあります。

と同時に、内側で枠からこぼれている人たちに対しては、アジールとして機能してきた。この特殊性が多くの芸能・物語を生み出すことになったんじゃないですか。

内田 そうですね。四天王寺建立は明らかに外交的な意味がありますよね。中国大陸や朝鮮半島から大阪湾に入って来た船からはまず四天王寺の大伽藍《だいがらん》が目に入りますから。ここは蛮族の棲む土地ではないぞということを誇示したんだと思います。

釈　はい。建築技術を誇示するためでもあったと思います。
　四天王寺の五重塔は、いまだに一度も地震で倒れていません。雷が落ちて、火災で焼失はしているのですが。日本の五重塔の建築技術は、実に独特で面白いもののようです。また、例の金剛組の話になってしまいますが（笑）。
内田　その一方で、社会の中の最下層の、最も弱い人たちを受け入れて、保護するアジールとしても機能している。これ、寺院のありようとしては、すごく尖っていますよね。
釈　四天王寺は悲田院（福祉施設）・施薬院（薬局）・療病院（病院）を造りましたから、弱い者たちへのまなざしを持ったお寺だったわけです。すぐそばに弱者やマイノリティが身を寄せ合うような場所を持つ地形であったことも関係していると思います。そして、四天王寺を舞台として生まれた物語を、庶民はうまくキャッチして芸能化していったのでしょう。

社会にビルト・インされない宗教文化の担い手

内田　日本の伝統的な宗教性を担っていたのは、遊行の民、いわゆる「ノマド」ですよね。定住民は、世俗のルールに従って暮らしていて、浮世の算段に忙しいから、深い宗教性はそこでは育たない。中世日本では、勧進聖や、山伏や、巫覡《ふげき》や「物狂い」が非社会的な宗教性を担っていたと思うんです。だから四天王寺みたいな宗教的なセンターが政治権力の主導で建立された場合でも、そこに引き寄せられてゆくのは、この社会に正統なメンバーとしては数え入れられていない人たちだったというのは、ある意味当然だという気がします。宗教を非社会的な人たちが担うという構造は現代でも変わっていないんじゃないでしょうか。

釈　沙弥《しやみ》とか、聖《ひじり》とか、毛坊主とか、僧形の芸能民とか、マージナルな存在が宗教性の高い文化を担ってきたということですね。それは日本宗教風土の特徴として挙げることができそうです。

　また、そんなふうに枠からこぼれる人たちが行き来する、風通しのよい場が必要でしょう。それがなければクリエイティビティが低下しますよね。いわば、どんな弱者でも、その気になればなんとか生きていける、というような社会をめざさないと。

内田　弱法師もある種の「負のアイドル」なんですよね。彼が杖にすがりついて、よろよろ四天王寺の境内を歩いていると、人々は「や、これに出でたる乞丐人《こつがいにん》は。いかさま例の弱法師よな」と囃《はや》し立ててそのさまを鑑賞するんです。「物狂い」というのも、一種の芸能な訳ですよね。「隅田川」もそうですね。都から下ってきた「女物狂ひ」が来ているというので、隅田川の渡し舟を待っている人たちが、「面白う狂ひて見せたまへ。狂わずはこの舟には乗せまじいぞとよ」と言って、舟賃代わりに「物狂ひ」の芸を求めるのです。その求めに応じて、シテの狂女も身の上語りを始めるわけですから、「物狂ひ」は出来がよければ、それなりの代価を請求できる芸能だったということです。その芸に対して、人々は施行を行った。そういうシステムがあったんだと思います。

この遊行の民たちは、異界とつながるチャンネルを持っている。ふつうの人たちが見聞きしたり、感知したりできないものを見聞きし、感じ取ることができる。異形の人なので、この社会においてはふつうのメンバーには算入されないのだけれど、社会が維持されるために必要な、非社会的な機能を担っていることは、みんな知っている。彼らが担っている「異界との架橋」という機能は、この社会には必須のものですから、労働の対価というのではなく、異能者への施行というかたちでこれを物質的に支えてゆく。これって、なかなか重要な文化だと思います。

アスリートという異能の人たち

内田　お相撲もそうですよね。あれも発生的には神事であって、定住的なものではなく、近世にいたるまであちこち巡業をしていた。そして、巡業先で、相撲という、神事であり、格闘技であり、巨体のフリークスによる芸能を演じた。そして、次の巡業地へ去るときに、その村落の「ケガレ」も持ち去る。そういう霊的浄化の活動だったはずなんです。相撲取りたちの標準を超えた巨躯《きょく》や身体能力は「この世ならざるもの」とのつながりを示す指標と解された。

ある意味で、アスリートというのは今も「異能の人」なわけですよね。テニス選手とか、サッカー選手とか、ワールドツアーやるじゃないですか。「ホーム」もあるけれど、そこに定住することは許されず、必ず「アウェイ」でも試合をしなければならない。それは彼らが遊行の民であって、ある種の宗教的機能を担っているからだと思うんです。その機能がアスリートに固有のステータスを与えている。アスリートはインサイダーじゃないんです。

オリンピックを観ていて、これは違うんじゃないかと思うのは、この異能の人たち、本来なら「ノマド」であるはずの人たちを、インサイドに引きずり込んで、ビジネスとか経済合理性とか国威発揚とかいう世俗的な目的のために利用していることなんです。そういう世界内部的な価値とは違うところへと人々を導くことがアスリート本来の「芸」ではないのか。本来アスリートというのは、国民国家とか広告代理店とかとは無縁の存在なはずなんですよ。「異界とのつながり」を保つことを本務とするアスリートたちが「世界内部的」な価値でしかない国旗を掲げたり、国別メダル数を競い合ったりするのは、スポーツの本義とまるで違うことなんじゃないでしょうか。

釈　アートや芸能民を含めて、異能の人はある意味で人類共有の資源みたいなところがあるので、できるだけ特定の枠に取り込もうとしないほうがクリエイティビティを担保できるでしょうね。人類の共有資源って、対価を支払って購入するものとは別の理屈で成り立つのでしょうし。信頼とか敬意とかで成り立つといった構造なのでしょう。

内田　大坂なおみさんのことで、アスリートと世俗社会の根本的な軋轢《あつれき》が前景化してきたと思うんです。あの人は「アスリートとは何か」ということを直感的にわかっている。アスリートが「異能の人」だということは、他の市民には許されない、ある種の政治的自由が許されているということです。ふつうの市民が縛り付けられている社会的な規範から、ある程度までは離れることができる。どこに行っても、追い回されて、写真を撮られて、プライバシーを侵されて、この社会の内側にいるかぎり、アスリートは心落ち着ける場所がなかなか得られない。でも、その代わりに、外からこの社会を相対化することができる。批評的な立場を採ることができる。それがアスリートの本務だということを、大坂さんは直感的にわかっているような気がします。七つのマスクをつけたり、記者会見を拒否したりするのは、「遊行の民」のふるまいとしては、ごく自然なものだと思います。

釈　そこは我々のほうで、異能の人たちとどう付き合うのか、どのように扱うのが望ましいか、といったことを考えないといけないわけですね。

内田　そうです、そうです。人類学的機能を担った人たちの業績に対しては、「素晴らしいプレーを観て勇気をもらった」とか「感動をもらった」とか、そういう薄っぺらな言葉を使ってほしくない。「震撼させられた」とかいう言葉のほうがいいと思う。

釈　恐れ慄《おのの》くような……。

内田　超一流のアスリートを見ると、「これは人間業《わざ》じゃない」って思うでしょう。神に愛されているというか、この世ならざるものに憑依されているというか、人知を超えたものがそこに顕現していると感じる。だから、そのパフォーマンスを見ているうちに、超越的なものに対する畏怖の念が生まれる。アスリートの肉体の動きを通して、この世界の外部とこの人たちはつながっていると感じる。スポーツが、古代オリンピアの時代から、かぎりなく宗教儀礼に近いものだったのは、そういうことだと思うんです。

宗教を活用するユーザーの理屈

釈　能は、自分の中にある宗教性について、とても自覚的な芸能ですよね。だからこそ、世界最古の現役舞台芸能として今なお続いているのでしょう。芸能は宗教性を軽視すると、ダメになったりしますので。

内田　そうだと思います。芸能が力を汲み出すのは「外部」「異界」「他者」からですから。芸能は人間的な価値体系の「外」から滋養を得て、それによって例外的な魅力を発揮している。芸能民というのは、「内」と「外」を架橋する異能者なんです。

村上春樹さんが、作家は「地下二階」にまで下っていって、そこで見たものを書き記す特異な職能民であると書いていますけれど、ほんとにそうだと思うんです。「この世ならざるもの」との遭遇の経験を物語る「ストーリーテラー」という異能者は太古からずっと存在したはずですけれども、作家もまた現代におけるアバターの一人だと思います。

釈　我々は、この世ならざる領域と、この世の領域の行き来に、とにかく魅力を感じてしまうわけですね。そこを見せてくれ、という思いがありますもんね、スポーツにしても芸能にしても文学にしても。

内田　僕が武道や能楽を稽古したり、祓《はら》いの行をしたりしているのは、自分の体を調《ととの》えて、人知を超えるようなものを受け入れて、それが体を通じて発動していくための訓練をしているというふうに説明してよいと思います。野生の巨大なエネルギーが、僕の身体の歪みやこわばりのせいで、遮断されたり、減殺されたりしないように、自分の身体を抵抗の少ない「良導体」に仕上げてゆく。武道の修業はまさにそういうものなんです。だから、「我執を捨てる」ということが言われる。俗情を去って、心身を透明にする。それは「自分を高める」とか「自分を鍛える」とかいうことではなく、逆に「自分をなくす」「自分を消す」ということなんです。

修業というのは、自分の能力を向上させるためにやっているわけじゃなくて、「この世ならざるもの」が抵抗なく発現できるような良導体に、自分自身の身体を仕上げてゆくためにやる。だから、修業が宗教的なものに近づくのは当たり前なんです。金とか名誉とか権力とか威信とか、そういうものを得るために修業するということはあり得ないわけですから。

釈　その場合は宗教性というのは、かなり未分化で習合的な状態なのでしょう。体系化されたものではない。それはユーザー側の宗教性なのだと思います。

宗教を体系化しようとして分化するのは、だいたいメーカー側の理屈なんですよね。教団であるとか、教化・伝道する側であるとか。でも、それによってフリーな宗教性が阻害されることも起こります。梅棹忠夫さんがそのようなことを言っていました。『9つの人生』（W・ダルリンプル著、パロミタ友美訳）という面白いノンフィクションがあって、インド各地の猥雑な信仰の実態が描かれているのですが、イスラムとヒンドゥーとが混在した習合信仰の地域に厳格な正統派イスラムがやってきて、雑多なものを駆逐しちゃう実態がリポートされています。そして、それまではいい加減で仲良く暮らしていたのに、正統派の信仰がやってきたら、信仰による対立・分断が起こってしまっているそうです。

心身の風通しをよくするためにも、習合的な感性を身につけることは大事かもしれません。

内田　僕は毎朝道場で「朝のお勤め」をしているんです。お勤めを始めたのは、羽黒《はぐろ》山伏の星野文紘さんの宿坊に泊まると、朝のお勤めがあるんですけれど、それが祝詞《のりと》と般若心経だったからなんです。「あ、これはいい」と思ったんです。祝詞だけでも、般若心経だけでも、たぶんそれほど感動しなかったと思うんですけど、祝詞と般若心経だったら神仏習合じゃないですか。僕、神仏習合の宗教儀礼に立ち会ったのは、それが初めてだったんですけど、そのときに、「ああ、これが日本人の伝統的な宗教性だ」って実感したんです。なんというか、二つの宗教が併存しているところに、風通しのよさというか、「ドアが開いている感じ」がしたんですよね。

それで家に帰ってからも毎朝道場に下りて祝詞と般若心経を唱えることにしました。滝行のときは不動明王の真言を唱えるんですが、これも加えることにしました。「臨兵闘者《りんぴょうとうしゃ》皆陣列在前《かいじんれつざいぜん》」と九字を切るのも、大変「効きそう」なので、最後に九字も切って……。そうやって呪文や祈祷を次々と加えていって、全部やると三分くらいなんですけれども、今のところはそれを毎朝お勤めと称してやってます。こういうものは一度やり出すと止められないんですよね。

でも、僕が気に入っているのは、このお勤めが神道、仏教、修験道《しゅげんどう》、道教など、いろいろな起源から派生してきた祈りの言葉の習合だからなんです。

釈　まさに、ユーザーの理屈ですね。

宗教的な装置としての夕日

釈　ご存じだったら教えていただきたいのですけれども、私自身の普段の暮らしの中で、東北の地域や東北の人はあまりなじみがないんですよ。東北の人の気質というのは……。

内田　東北人の気質ですか……。どうなんでしょうね。内田家は四代前から山形の鶴岡に住み着いて、父は鶴岡の生まれで、今もそこに内田家の菩提寺がありますから、僕もルーツは東北と言ってよいと思います。特に、父方の伯父たちは濃厚に東北的な人で、その独特のエートスはよく覚えています。

釈 私、東北に興味関心があるんです。きっとただならぬ宗教性があるにちがいない、と睨《にら》んでいるんです。阪神淡路大震災と、東日本大震災とを比べると、人々の身の処し方に違いがあるように感じました。それで、東北の宗教性をなんとか把握したいと思っておりまして。

内田 そうなんですか。東北人固有の宗教性って、あるんですか。でも、どうなんでしょうね。うちの父親は戦中派ですから、スピリチュアルなものが大っ嫌いだったんです。戦中に国家神道のせいでひどい目に遭ったことをよほど恨んでいたのか、神社が嫌いでしたね。

僕が生まれ育った家は東京南西部の多摩川のほとりなんですけれども、六所神社という神社の敷地の中だったんです。その土地を借りて住んでいた。神社の敷地内に住んでいるのに、うちの父親は神社にお参りしたことがないんです。駅に行くのも神社の境内を横切ってゆけば近道なんですけれども、決して通らなかった。僕がみんなの真似をして、神社の本殿に向かって柏手を打ったりすると、嫌な顔をしました。そんな人でした。仏教も嫌いで、死ぬ前にも、遺言で「坊主を呼ぶな、お経をあげるな、戒名を付けるな」と言うような人でした。もちろん、遺言なんか無視して、僕たちはふつうのお葬式を上げましたけれど。

その父が、死ぬちょうど一年前に、急に、生まれ故郷の鶴岡に一緒に行かないかと僕たちに提案したんです。その十年くらい前から、父母と兄と四人で、よく温泉旅行に行っていました。その年も四国かどこかに行く予定だったんですけれども、父が予定を変えて「鶴岡に行こう」と言い出した。お前たちは一度も行ったことがないのだから、一度見ておけって。

それで鶴岡に行って、湯野浜温泉に泊まった。湯野浜温泉は、日本海に面しているんです。遮《さえぎ》るものが何もなくて、宿の窓の外はもう海なんです。その日はさいわい宿の仲居さんが「こんなにきれいに日没が見られる日は年に何度もありません」というぐらいきれいな日没が見えた。それを父親が黙って長い時間見つめていた。

その翌日に小さい頃に鶴岡から一時引っ越しして住んでいた鼠ヶ関《ねずがせき》という海辺の町に行きました。車を降りて、船着き場を歩いていたら、岬の先端に神社があったんですけれど、それを見て「あ、ここは覚えている！」と言い出した。大正はじめの、父がまだ本当に小さかった頃に、姉におんぶされて、この堤防の道を神社に向かって行って、海に沈んでいく夕日を見たことがある、と。

宗教的なものを毛嫌いしていた父が、人生の最後の最後になって回帰した宗教性というのは、先祖のお墓でも、昔の家でもなく、日本海に沈む夕日だったんですよね。

釈　すごいお話に着地しましたね。そうなんですか。そのお話を聞いて、私もちょっと思い出しました。『花いちもんめ』という認知症高齢者を描いた映画があります。これを二十代のときに観ました。千秋実が、元大学教授で認知症になる主役をやっていました。当時は認知症という用語もなく、社会の理解も進んでいませんでした。千秋実が演じる主人公は、認知症の進行とともに、生活が壊れ、尊厳もなくなっていきます。自分の息子も誰かわからなくなる。尊敬されていた人物なのに、周囲の人からもだんだんないがしろにされていきます。そんな映画でした。

そして、クライマックスで、生まれ故郷の海に沈んでいく夕日を見たときに咆哮、慟哭するんです。

今、内田先生のお父さんの話を聞いていて、その場面を思い出しました。何十年も前に観た映画なのに。

内田　晩年に理性を失ったニーチェに「落日に見入る」有名な写真もありますよね。

釈　動物の多くは可視の範囲の出来事しか認知できないけれど、人間は見えない世界へと心を延ばすことができます。神や来世といった領域にも心を延ばす。見える世界を通して、見えない世界を認知するわけです。夕日を見ると、我々の心はビューッと過去とか未来に延びるんじゃないでしょうか。そして、物悲しくなったり、安心したりする。私たちは古来、夕日を、見えない領域の出入口として、一種の宗教的な装置として、使ってきたと。

内田　日没って、宇宙の運行を、人間的感覚で現認できるという点では、やっぱりさまざまな自然現象の中でも際立っていると思うんです。海に沈む直前、太陽と海とが混じり合い、輪郭がだんだんぼんやりしてきて、水平線の下に太陽が消えたあとも残照があって、東のほうから空の色が群青色に変わって、星が輝き出す。それが短い時間の間に一気に起こりますよね。だから、夕日を見ていると、「世界」とか「時間」とか「存在」とかということについて、どうしても考えざるをえない。そういう宗教的な気持ちになる。じっと夕日を見つめているうちに、「私が夕日を見ている」という言い方ができなくなって、いつの間にか主語が消えて、「夕日を見る」という動作だけが残る。そういうふうにして我執が消える。

釈　そうですよね。で、どうしても日が落ちるところまで行ってみたい、というのが……。

内田　あったんでしょうね。

第三章

お墓の習合論

1　お墓は宗教よりもはるかに古い

「死んだ人はお墓にいるの？」

釈　今回のテーマは「お墓」です。前回の「夕日の習合論」のときもそうだったのですが、見通しがあってこのテーマを提案したわけではありません。その場の思いつきです（笑）。でも考えてみれば、「お墓」って、なかなか習合的なんですよ。お墓は、きちんとした宗教体系の理屈によってできているわけじゃないんですよね。

たとえば、埋葬地というのは、はるか何万年という歴史があったりします。宗教体系ができるよりもずっと昔からお墓はあるわけでして、むしろ各宗教はお墓に合わせて理屈をつけている面もあります。

そのお墓も時代や社会による変遷がありますし、埋葬の形態や死生観にも変遷があります。今の我々のお墓というのは、それほど古いものではないんです。お墓は各宗教の理屈よりも、その地域や社会の状況からできていたりするのですが、こういうのを習俗と呼んだりもします。

習俗と宗教は違うから分けて考えるべき、とする人もいます。日本が近代国家になったときは、「神道は宗教じゃなくて習俗だ」との理屈をつけて、国家が神道の国教化を推し進めた過去もあります。私は、習俗も広い意味での宗教として考察するようにしています。時には習俗も宗教のコアの部分を形成していたりすると考えているからです。

たとえば、「死んだ人はお墓にいるの?」と質問されたら、みなさんはどう答えますか。素朴な質問ですが、なかなか難問ですよ。「そう、お墓にいるよ。死んだ人はそこでずっと眠っているんだ」と答える人もいるでしょう。あるいは、「死者は偏在している。だからどこで拝んでもいいんだ」という感覚を持っている方もおられると思います。そもそも死者の領域は、場所も時間も我々とは異なるあり方なのでしょうね。

お墓は生命観や来世観によって支えられていることは間違いないのですが、「お墓とお仏壇はどういう役割分担になっているの?」などといった疑問を持っている人もおられるんじゃないですか。

こんな調子で、今回はお墓について考えてみようと思いついたわけです。きっとお墓からも習合論的知見が導き出せるにちがいありません。

もうひとつ、今回のテーマをお墓にした理由があります。平成三十年に、内田先生の道場・凱風館のお墓「道縁廟」と、如来寺の合同墓「法縁廟」とを、ツインタワーみたいに建立したんですよ。如来寺の裏山にあります墓地に。設計者は光嶋《こうしま》裕介さんです。

建立したときに内田先生は「お墓は共同体の問題でもある」とおっしゃっていました。ここのところを、もう少し掘り下げて考えたいのです。

もはや我々の社会は、血縁による親族ネットワークだけで子育てや老病死を支えるのは困難です。また、地縁・職縁ネットワークもどんどん痩せています。ですから、お墓や供養を持続させていくことも難しくなっています。お墓について考えたり、死者をどう弔っていくかについて考えることは、我々の社会の今を理解することでもあるでしょう。また、社会をどの方向へと進めるべきなのかについて考察する手がかりにもなるんじゃないでしょうか。

ここで道縁廟と法縁廟の写真を見ていただきます。

向かって左手の黒い石のほうが道縁廟です。縁あって同じ道を歩むことになった仲間たちのお墓、凱風館合同墓です。右側の「倶会一処」と書いてあるのが如来寺の法縁廟です。こちらは如来寺とご縁があった人たちのお墓です。光嶋さんによると、二つの石塔のちょうど真ん中に如来寺の本堂が位置しているそうです。方角的には真南になりますの

で、ちょうど二つの間に太陽が南中することになります。このお墓は如来寺の裏山の頂上にありますので、ロケーションは三六〇度ビューです。左手には古代からの霊山・五月山があり、右手後方に山を下ると、お能や落語でもおなじみの「鼓ケ滝」です。

このお墓の建立を機縁として、私も内田先生もあらためてコミュニティとか社会とか家族について考えるようになったと思います。そこのところについてもお話ししたいと思います。

死者と関わる作法を獲得して遂げたブレークスルー

内田　おっしゃるとおり、お墓というのは、人類と同じだけ古いわけです。ある意味では、お墓のほうが宗教よりも古いのかもしれない。人類が「死者」という概念を獲得したときに、他の霊長類との決定的な分岐があったと思うんです。生きている人間は生物です。死んで土に還ってしまった死骸はもう無生物です。他の霊長類にはこの二つしかない。子どもが死んだ後、母サルがその子どもを抱いていることはあるそうですが、しばらくすると、そのまま捨ててしまうそうです。

「死者」というのは「生きている人間」と「土に還った人間」のどちらでもなく、「もう死んだのだけれども、生きている人間たちの思考や行動に影響を及ぼすことができるもの」という第三のカテゴリーです。「生物と無生物の間」なんです。もう生命はないのだけれど、今もありありと生きている人間たちの傍らにあって、レヴィナスの言葉を使えば「存在するとは別の仕方で」生者たちに切迫してくるもの、それが「死者」です。

僕たちはいつも彼らを参照して、自分の考えやふるまいを検証している。「もし、あの人が生きていたら、こんなときにどうするだろう」とか「もし、あの人が生きていたら、自分のこんな生き方をどう評するだろう」ということが気になる。そういうかたちで、死者はひとつの規矩《きく》となる。たぶん人類は、進化のある時点で、自分を律する基準として、「死者」という概念を獲得した。それによって、知性的、感性的、霊性的なブレークスルーを遂げたんだと思います。

『周礼』で六芸《りくげい》というのがあります。士大夫が学ぶべき六つの芸のことです。礼・楽・射・御・書・数です。最初が礼なんですけれど、礼というのは、鬼神《きしん》に仕える作法のことです。超越的なものと生身の人間がどうやってコミュニケーションするのか、その技術です。正しい作法を守ってさえいれば、鬼神は障《さわ》りをなさないけれども、作法を外れるととても悪いことが起きる。場合によっては失命することもある。だから、「鬼神は敬して之を遠ざく。知と謂《い》ふべし」と『論語』には書いてあります。

超越的なものは、人間の日常生活のすぐ横に隣接して、人間に切迫している。それとの交渉については経験的に適切な作法が知られている。だから、その作法を守らなければならない。それは「敬する」ということですね。距離を取る。うかつに手で触れない。伝えられた儀礼を守る。

そういう知恵が紀元前五〇〇年ぐらいのときに、全人類的な規模で広まった。ブッダの教えもそうですし、孔子の教えもそうですし、ユダヤ一神教もそうです。現存する宗教のおおもとになるものがこの時期に揃う。そのすべてに共通しているのは、「超越的なもの」

と交渉するための作法が存在するので、人間はそれを習得しなければならないということです。祈りや儀礼や食事や衣服についての決まりがあって、それを適切に履行しないと「災い」が起きる。

それがわかっていて、実行できる人が「大人」として遇され、それができない人は「子ども」扱いされる。超越的なものに仕える作法を知っているかどうか、それが人間の成熟のひとつの基準だった。知識として学ぶということではなくて、生活の中で、さまざまな人たちと関わって、経験を積んで、だんだんわかってくる。先達は死者と関わる作法を知っている。だから、先達は「こういう場合はこうするんだよ」と教えてくれる。でも、どうしてそうするのか、その理由は知らない。「なんでだか知らないけれど、昔からそう決まっているのだ」という言い方しかできない。超越的なものに仕える作法は、それを実践してきた先達の実存的な確信を通じて会得される。

お葬式とかお墓というものに対しても、子どもと死期の近い老人では反応が劇的に違いますからね。それは「死者」の切迫に対するリアリティーが違うからだと思います。老人は自分ももうすぐ死ぬんだけれど、いきなり無生物になって「おしまい」というのではなく、何年か、場合によっては何十年かの間、生者たちの世界に「死者」というステータスでとどまるということを実感として知っている。自分自身が、「死者たちの切迫」を生きて経験してきたから。ですから、「どういう死者になればいいのか」ということについては工夫の余地があることがわかっている。でも、子どもにおいては「死者」という概念がまだ熟していないから、「死んだら、それっきり」だと思う。だから、子どものほうが死ぬことを怖がりますよね。それは彼らがまだ「死者」という概念にリアリティーを感じることができないからです。

お骨をお墓に納める方法が定着したのは戦後

釈　今おっしゃったように、誰も正解がわからないものについて繰り返し取り組むところが、人類にとって重要だったのだと思います。そして、その手の課題に関しては前例踏襲がひとつの態度でもあります。「なんか知らないけども、こういう場合はこうするんだよ」という態度です。これってすごく簡単で誰でもできるように思うのですが、けっこう難しいんですよ。どうしても状況によって変わりますので。また当然変化していくものなんです。一回一回同じ状況は無いのですから。実は意外と死者の弔いやお墓などの形態も、短期間で変化しています。もちろん前近代と近代社会では異なりますし、第二次世界大戦後もずいぶん変わりました。

そういえば、東日本大震災が起こったときに、あまりに大勢の死者ですから、火葬が間に合わず、いったん土葬にした地域があったのですが、「亡くなった人が気の毒だ」といった反発が出ました。結局すぐに掘り起こして、また火葬を続けたそうです。日本で火葬が全国的に定着したのは一九六〇年代ぐらいのことなので、そんなに昔じゃないんですけど、短期間に「土葬は気の毒」という感覚がみんなの中に浸透しているんだなと思って、ちょっとびっくりしました。ニュースで見ただけなので、もしかしたらもっと複雑な感情や事情があったのかもしれませんが。

考えてみたら、日本の火葬はちょっと特殊です。火葬してお骨をきれいに残して、それをお墓に納めているわけです。世界の一般的な火葬は、灰にしてしまいます。ヒンドゥー教だと、それを野山や河に廃棄します。日本の場合は、火葬と土葬の合わせ技みたいになっています。どうしてこんなことになったのでしょうか。エビデンスはないんですが、もしかしたら道教の影響があるのかなと思います。

内田　道教というのはお骨を重視するものですか？

釈　はい。遺体を骨にするのは、しばしば道教で重視されます。また、日本の一部では「洗骨」の習慣がありました。遺体を埋葬して、一定期間が過ぎたら、ちゃんと骨になっているか掘り起こして確認するんです。そして骨を洗う。そこから言えば、日本の火葬プラス土葬は、火による洗骨であると考える人もいます。

また、日本のお墓で言いますと、全国に幅広く見られた両墓制も特徴的です。これは、お参りするお墓と、埋葬するお墓とを分ける形態です。お参りする供養塔とは別のところに、遺体を埋葬していた時代も長くあったわけです。一九六〇年代ぐらいからだんだんと、今のようなお墓の形態におさまってきたようです。

ところで、平川克美さんが以前に、「親の墓って、なんとも言えない去りがたさがあるんだ」というようなことをおっしゃっていて、ああそういうものなのかな、と気づかされました。如来寺のお墓などは、代々の住職・寺族など多くの人が祀られているので、親のお墓という感覚自体もあんまりないんですよね。だから、「家の墓」「親類縁者の墓」「家族の墓」「夫婦の墓」「個人の墓」、それぞれ受ける印象は異なりますね。ちなみに、祖母も母も、昔からのお墓だけじゃなく、法縁廟にも納骨しました。

このように、お墓の形態も変遷があるわけですが、変わらないお墓の本質もあるでしょう。それについては自分なりに考え続けたいと思っています。

私と内田先生は、前回も話に出たように日本各地を聖地巡礼しているのですが、お墓になんとも言えない求心力があることだけは何度も実感しています。それは肌感覚的に感じます。また、お墓がある場所というのは、共通する要素があります。たとえば、地形とか、住宅地からの距離とか。

「私の供養は誰がしてくれるのか」という実存的不安

内田　先ほど、如来寺の山の上にある凱風館の合同墓道縁廟のお話が出たので、その話からとっかかりにしていこうと思います。あの合同墓をつくったのは平成三十年ですけれども、思いついたのはそれより一年ぐらい前です。きっかけになったのは、凱風館の寺子屋ゼミで、お墓について発表された女性の方がいて、僕はそのとき初めて、お墓というのが、こんなに緊急な問題なのかということを知ったんです。

その方は独身で五十代くらいの方なんです。代々のお家の墓があるので、ご両親はそこに入る。その墓は自分が守る。でも、自分が死んでその墓に入ったとき、私の供養は誰がしてくれるんだろう、と言うんですね。「私の供養は誰がしてくれるのか」って、たぶん僕は初めて聞いた文字列だったんです。

これまでずっと「墓というのは家で守る」ということを自明の前提としてきたけれど、今はそうではない。独身の方もいるし、子どもがいない人もいる。そのときに、「私の墓は誰が守るのか。私は誰が供養してくれるのか」ということがリアルな不安としてあるということを知ったんです。それはお墓をどう管理するかという現実的な問題であるより先に、自分の「弔い」を僕たちが深く気にかけているという霊的なレベルの問題なんだと思います。自分が死んだあとに、しばらくの間でいいから、自分のことを思い出して、語り継いでくれる人がいないと、どうしても気持ちが片付かない。

興味深いのは、これが「しばらくの間」でいいということなんですよね。別に五十年も百年も供養してくれなくていい。僕たちが知っている人たちが、まだ生きている間だけでいい。知らない人に供養してほしいわけじゃない。

釈　そうですね、五十回忌以上はかなりレアだと思います。平均すると十三〜十七回忌までが一番多いそうです。でも、地域差が大きいです。この前、島根県で聞いたところによると「このあたりでは、百回忌や二百回忌をつとめますよ」とのことでした。驚きました。一方、都市部だと三回忌で終了も珍しくありません。

内田　百回忌ってすごいですね。たしかに閉ざされた集落であれば、先祖代々同じ家に暮らして、同じ家具什器《じゅうき》を代々使い回していると、百年前に死んだ祖先も「わりと身近」に感じるということがあるのかもしれない。でも、釈先生も僕も、死んだあと百年後まで供養していただきたいと思うかと訊かれたら、「いや、もうちょっと早めに終わりにしてもらっていいです」と答えると思うんです。でも、三回忌で「もういいか」と言われると、それはちょっと薄情なんじゃないかと思う。不思議なものですけどね。

子どもの頃に内田家の祖父の十三回忌の席で、伯父が「十三回忌までやったから、もうそろそろいいだろう」と切り出したのを覚えています。「みんなだいぶ年を取ったし、遠くから集まるのも大変だろうから、父母の法要は今年までとしよう」と。それに一同が黙って頷いていました。

能では、だいたい旅の僧が何かいわくありげな土地にやってくるところから始まります。梅の木があったり、松があったり、塚があったりする。通りがかりの地元の人にその由来を聞くと、和泉式部が愛でた梅であるとか、松風村雨《まつかぜむらさめ》の旧跡であるとか教えてくれる。そして中入《なかいり》したあとに、先ほどの地元の人が後シテになって出てきて「私はここで死んだ誰それである」と名乗って、生前の経験を語る。それをワキの僧が聴き届けて、最後に後シテが「あと弔ひて賜び給へ」と僧に頼んで姿を消す。そういう形式が多いんです。

能では、どういうふうに生きて、どんなふうに死んだのかを死者自身が語って、生きている人がそれを聴き届けるということで供養が果たされる。供養というのは、それに尽きると思うんです。死者について、どう生きて、どう死んだかを他の人たちが語る。

ゼミで発表した方の場合でも、自分が死んだあとに、「あの人はこういう人だったね」と友人知人が集まって彼女の思い出話をしてもらう以上のことは望んでいないと思うんです。別に墓の管理をどうするとかいう話じゃなくて、彼女のことを懐かしく思い出す人たちが、生きて、集まれる間は、集まって昔話をしてほしい。その人たちもだんだん年を取って、亡くなったりしたら、そこで静かにフェードアウトする。それでいい。そういうのが一番自然な供養だ、と。

「誰が自分を供養してくれるのか」というのは、実存的な不安としてたしかにある。だったら凱風館でお墓を建てちゃえばいいんだとそのとき思いついたんです。凱風館でお墓を守ってゆけば、生涯独身だった人も、子どもがいない人も、自分の供養については心配が要らない。道場が続くかぎり、門人たちは、直接自分が知っている先輩たちのことを語り継いでくれる。新しい人が来て、「みなさんがお参りしている方はどんな人だったんですか?」と訊いてくれたら、「あの人はね……」と言ってちょっとずつ短い思い出話を持ち寄って話す。それだけで十分に供養になると思うんです。

「過去の他者」と「未来の他者」を含む自分

釈　死とはかなり幅のあるものですよね。生と死は決してクリアに分断しているものではない。たとえ今生の息を引き取っても、リアルにその人の存在を実感することだってあります。自分の感覚に正直になってみれば、生と死とは混在しているし、入れ子構造だったりすると考えたほうがしっくりきます。そのような感覚や生命観が、ある程度の期間の供養というものを支えているのでしょう。

それに、亡くなった人をどうお弔いするかという態度が、暮らしの場に影響を与えることもあるようです。

以前、医学書院の編集者・白石正明さんに教えてもらった話なんですけど。白石さんが、あちこちの高齢者施設を取材していた時期があって、その中に、特別な取り組みをしているわけでもないのに、みんなが穏やかに暮らしている施設があったそうなんです。白石さんによると、「特別な取り組みは無いのだが、その施設では、亡くなった人はそこでお通夜・葬儀をして、のちのちの法要もつとめている」という話でした。これが影響を与えているのではないか、とおっしゃっていました。自分もこうやって扱ってもらえる、といった影響があって、その施設の独特な雰囲気ができるのではないかと。

社会学者の大澤《おおさわ》真幸《まさち》さんが、「未来の他者」「過去の他者」という言い方をしています。日本は「未来の他者」、つまりこれから生まれてくる人たちへの無関心がひどいという話なんです。社会の制度にしても環境問題にしても、未来の他者がリアルじゃないから、関心が高まらないと言うんですね。他の先進国に比べると、日本の環境問題の意識はすごく低いらしくて。

でも、以前、林業の人たちから「我々が今、暮らしていけるのは、おじいちゃんやひいおじいちゃんが植えてくれた木のおかげだ。だから、自分は子や孫のために、今、木を植えるんだ」という話を聞いたことがあります。そういう感覚は日本でもあったはずです。ここでのポイントは、過去の他者と未来の他者とが鏡像関係であることです。

過去の他者とは、先人たちです。先立って行った人たち。

そこから考えますと、過去の他者への関心の低下は、未来の他者への無関心と連動していると言えるのではないかと。いずれにしても、心が縮んでいるんですよね。過去へ未来へと延ばす心が、委縮気味です。人類は「どこまで心を延ばせるか」に取り組んできたわけです。それが人類の知情意を鍛錬してきた。

過去の他者や未来の他者へと心を延ばすことは、自分はどのような過去の他者になることができるのか、といった課題と向き合うことになります。

内田　僕もそうだと思います。自分たちの共同体にかつて属していた死者たちに対する思いと、自分たちの共同体にこれから参加する、今はまだ生まれていないメンバーに対する思いというのは、同質のものだと思います。

前にも書いたことですけれど、神戸女学院大学に在職していたときに、毎週月曜に部長会という集まりがあって、学院全体の経営について議するんですけれども、そこで毎月のように経理部長から「卒業生から遺産の相続を受けました」という報告があるんです。その中に、生涯お一人で暮らして、遺贈する人もいないので、貯金の全額を、神戸女学院に寄贈するという人がときどきいるんです。二〇〇〇万円、三〇〇〇万円ということもあるし、もっと高額のときもある。その報告を聴いているときに、このような大金を我々は受け取る権利があるのだろうかと考えたことがあります。

その卒業生の方たちは、今から六十年前、七十年前に、このキャンパスで何年間か過ごして、そのときに神戸女学院で受けた教育に対して深い感謝の気持ちを生涯にわたって抱いてくれた。だから、遺産を寄付してくれたわけです。でも、その人たちが感謝の気持ちを抱いた六十年前、七十年前の教職員たちについて、僕たちはその名前も知らないし、どういう教育をしていたのかも知らない。その寄付はかつて神戸女学院で教鞭をとっていた先生方とか、働いていた職員の方たちに向けたものであるのだけれど、みなさん全員お亡くなりになっている。そのような死者たちに対する謝意を生きている僕たちが受領してよろしいのか。そう考えたんです。

でも、しばらく考えて、これはいただいていいんだと思いました。だって、今度は今から六十年、七十年後にも、神戸女学院で受けた教育のおかげで豊かな人生が送れたという感謝の気持ちを抱いた卒業生から寄付があるかもしれない。それを受け取る未来の教職員たちもまた、僕たちの名前を知らず、どんな教育をしていたのかも知らない。でも、彼らにはそれを受け取る権利があると思うんです。僕たちも先人に対する感謝の気持ちを受け取ったわけですから。それは時間をおいた「パス」なんです。

「過去の他者」と「未来の他者」という話が出ましたけれども、これはひとまとまりのものだと思うんです。この学校で教育を実践しているのは、何十年、何百年という時間を貫いて教育活動を集団的に行っている「教師団(faculty)」であって、個々の教師ではない。「ファカルティー」というのは、ある年度に在職していた教師たちだけを指すのではなく、過去にこの校舎で教え、未来にこの校舎で教えるすべての教師たちを構成員として含む、時代を超えた生き物だと思うんです。

僕たちはその生き物の一部でしかない。僕らを含んだその集合体が教育を実践している。教育主体というのは個人ではなくて、集団なんです。学校における教育主体は、頭が十九世紀にあって、尻尾が二十一世紀、二十二世紀にあるような、時間を超えて生きる巨大生物みたいなものなんです。だから、僕たちが教育したわけでもない卒業生からの寄付だって感謝を込めて受け取ってよいのだと思いました。

「過去の他者」と「未来の他者」というふうに「他者」と言いましたけれど、別に他人じゃないんですよね。むしろ拡大された自我の一部なんです。過去の人たち、未来の人たちと時代を超えて形成している集合的な生物。そういうものをイメージできる想像力が大切なんじゃないかと思うんです。

そういうふうに思えたら、祖先を供養することと、未来の子孫のために、地球環境を保全するとか、戦争をして国土を荒廃させたりしないというのは当たり前の気づかいだと思えるはずなんです。

「死んでも死なないんだ」という物語

釈　先ほど、死者という概念を獲得したときから、人類に認知能力のオーバーフローみたいなものが起きて、大きく変貌したというお話がありました。未来や過去という見えない領域にまで認識を延ばしたことで、死の問題と向き合った、それが埋葬の正体でもあろうかと思います。

五〜六万年ぐらい前、ネアンデルタール人やホモ・サピエンス（現生人類）や、少なくとも三〜四種類の人類がいたらしいんですが、いずれも同時期に死者を埋葬し始めたらしいんです。そしてそれは、以降、ずっと今日まで続いている。人が人である根拠は、どこまで見えない世界に心を延ばすかということかもしれません。

贈与のお話も出ましたが、我々の社会をある種の贈与体系・交換体系として捉えた場合、埋葬も未来と過去の交換体系でもあると言えます。というのも、研究の結果によると人類が遺体を埋葬し始めたのは、たとえば遺体が腐食してにおいがするとか、そういう理由ではなかったらしいです。死者を社会がきちんと送ることで、新しい人がやってくる、見えない世界との往還活動が埋葬の本義としてあるのでしょう。

内田 時間意識を持つことで人間が人間になったというのは間違いないと思うんです。因果とか、矛盾とか、蓋然性《がいぜんせい》とかいう概念はどれも時間意識を持つことで初めて成立するわけですから。自分はかなり長い時間にわたって同一性を保つものだということが自覚されて初めて、ものごとには原因と結果があるとか、前に言ったことと後から言ったことの間に不整合があるとか、ものごとが起きる確率には違いがあるといったことがわかる。

時間意識を持ったことが人類にとって、たぶん他の動物に比べて最大のアドバンテージだったと思うんです。時間意識を持ったことによって、人間のふるまい方は一気に変わった。活動は合理性を持って無駄がなくなり、活動範囲も広がり、生物としてのパフォーマンスが高くなって、地上の支配的な種になった。

一方で、時間意識を持ったことの代償として、死ぬことへの恐怖や、これから起こることへの取り越し苦労や、してしまったことについての後悔といった他の動物にはない心的状態を持つことにもなった。

ふつうの動物は死ぬ直前までは一〇〇パーセント生きていて、死んだ瞬間に一〇〇パーセント死ぬ。だから、死の切迫を感じながら実存的不安を感じるということもないし、死んだ後に「誰が弔ってくれるだろうか」と気がかりになるということもない。そのような死をめぐる実存的な不安を緩解するために、「死んだあとも、実はちょっとだけ生きていて、生きている人たちに影響を与えることができる」という「死者」の概念が生まれたんだと思います。

釈　だんだん死んでいく、とか。

内田　そうです。いきなりデジタルに死ぬわけじゃなくて、だんだん死ぬ。死ぬ前からすでに実存的な不安のうちでだんだん「死に始める」。生物学的に死んだ後でも、周りの人たちが繰り返し「あの人が今ここにいたら……」という想像をするかぎり、まだ「死に切って」はいない。言い方は変ですけれど、生物学的な死をはさんで、それ以前から「だんだん死に始め」て、死んだ後に「だんだん死に終わる」。死の瞬間には苦しみや衝撃はあると思うんですけれど、たぶんそれは一時的なことです。

「死んでもしばらくは死なない」という物語を獲得したことで、人類は「もう死んでしまった人たち」とも「まだ生まれていない人たち」とも共生することができるようになった。そういうことだと思います。広々とした時間意識を獲得したことで、人類は「死の恐怖」に脅かされるようになったわけですけれども、同時に「死者」という概念や「供養」という儀礼を手に入れたことによって、死の恐怖を緩解する手立てをも手に入れた。そういう人類史的なドラマがあったのではないでしょうか。

「もう一度会いたい」けど「戻ってきては困る」

釈 それはすごくよくわかるお話です。と同時に、死者との向き合い方には、「もう一度会いたい」というのと、「戻ってきては困る」という両面があるような気がします。もう戻らないように、石を抱かせて埋葬するような形態もあります。他方、平川さんがおっしゃったように、なんとも言えない去りがたい場所でもある。

日常生活の中でも、ルーティーンに組み込まれているわけではないんだけれども、あるインターバルで定期的に行く場所。そういうアンビバレントな、我々と死者とのお付き合いの仕方。そのひとつの窓口、回路としてお墓がありそうな気がします。

内田 フランス語でもそうです。幽霊は「ルヴナン(revenant)」と言うんですけれど、これは「戻ってくるもの」という意味です。釈先生が言われるとおり、死者は「もう一度会いたい」けれど「戻ってきては困る」という両義的な存在なんですね。そういう両義性は、死者という概念が深化してゆく過程で獲得したものだと思います。

太古の人たちにとって、「死者が蘇ってくる」というのはすさまじい恐怖の経験だったと思います。だからなんとか「敬して」近づけまいとした。死者が戻ってくることへの恐怖を感じるというのは、宗教のスタート地点としては悪くないと思うんです。まず恐怖を感じて、距離をとる。

それからだんだん間合いを詰めていく技術を洗練させてゆく。そして、ある時点で、「蘇ってきたもの」をもとの境位に立ち去らせるために一番効果的な方法は「ありがとう」という感謝の言葉を向けることだと誰かが気がついた。「ありがとう」というのは、死者の攻撃性・暴力性を解除しつつ、ちゃんと距離はとっている。相手の存在を認知し、その上で「もう来なくていいです」という含意を伝えている。

死者に手向ける花も線香もどれも「消えもの」じゃないですか。花はしおれていって土に還るし、線香も煙となって消えてゆく。祝福の気持ち、感謝の気持ちというのは、そうやって、しばらくそこにあって、やがて消えてなくなる。

そういう葬儀についてのいろいろな「仕掛け」というのを、人類は五万年ぐらい前からさまざまな試行錯誤を繰り返しながら、だんだんと作り込んできたのだと思います。経験的に「こういう儀礼が効果的だった」ということがわかったものを集合的な経験知として蓄積していった。

釈　ああ、そうかもしれないですね。死者儀礼には、人類の知恵の集積を感じます。死者と向き合うための仕掛けとして、本当によくできている面がある。

墓地のポジショニングも、経験知の結果ですよね。縄文時代には、集落の真ん中に墓地があったらしいんですが、だんだん端っこに寄せられていって、集落と墓地とがなんとも言えない適度な距離感になったという話を聞いたことがあります。

2 お墓の未来は、共同体の未来

地縁血縁以外の中間共同体が痩せている日本

釈 先ほども言いましたように、かつての両墓制では、山中に埋葬地(埋め墓)があって、供養塔などお参りする墓（参り墓）はあっちこっちにある、といった形態になっていました。日本各地を歩いていると、いたるところに五輪塔や宝篋印塔《ほうきょういんとう》があったりします。あれは、その下に誰かが埋葬されているわけではなくて、お参りするためにつくられたものです。

それが近世後半あたりから、だんだん「家」という枠が強くなって、死者は家の枠に閉じ込められて、生と死のダイナミズムのスケールが小さくなっていきます。

さらに現代では、その家の枠がどんどん外れ始めているわけです。そう考えますと、もしかしたらかつてのダイナミズムが取り戻せる可能性もあります。我々の合同墓も、家の墓よりは大きなスケールで生命のつながりを捉えています。生命の流れの捉え方も少し長い。そこはむしろポジティブに考えられるのではないかと。

内田　近世以前の葬儀にむしろ近づいているというのは、今おっしゃったとおりだと思います。近代的な家制度というのはある種の歴史的条件下で発生したものですから、条件が変われば機能しなくなる。だから、「昔はこうやってうまくいった」という経験知を思い出して、先祖返りしているのかもしれないですね。

釈　この問題で、先祖返りという表現を使うとなんだか妙におかしさがありますが（笑）、そのような面もありそうです。もちろん単純に回帰しているのではないと思いますが。また、やはり何かストーリーと言いますか、死生観の道筋みたいなものがないと、しっくりきませんし、コミットしてもらえません。地縁・血縁・職縁が枯れてきている中で、我々の「道縁」「法縁」という道筋は、はたしてどのように継がれていくのか、興味深いところです。

先日、「抱樸《ほうぼく》」の奥田知志《ともし》牧師に教えてもらったのですが、日本は地縁・血縁の道筋だけが頼りだと考える傾向がとても強いそうです。数年前に、内閣府が実施した六十歳以上を対象とする国際比較研究で、「自分が病いなどに直面したときに、一緒に住んでいる家族以外で、誰を頼りにしますか？」という調査項目があったそうです。回答の一位は、日本も諸外国も「一緒に住んでいない血族」となる。たとえば、離れて暮らしている息子や娘、あるいは親類などが頼りといったところなのでしょう。それで、諸外国は二位・三位に「友人」や「ご近所の人」などが挙がるそうです。しかも二位・三位もかなり高いパーセンテージになる。でも日本は二位・三位を挙げる人がとても少ないらしいです。ほぼ一位に回答が固まっている。それほど血族親族以外のコミュニティが痩せているんですね。つまり中間共同体が痩せている。近年は特にこの傾向が強くなっているみたいです。

できれば、道筋は一本じゃなくて、何筋もあるほうがいいですよね。みんなで工夫してつくっていかねば。

墓縁

釈　もはや我が家でお墓を保持するのは難しい、となったとき、みなさんはどのように考えますか。「もうお墓はいらない」といった選択もあるのでしょうが、ぜひ新たな供養共同体も検討してみてください。たとえば、大阪に大蓮寺（浄土宗・秋田光彦住職）というお寺があります。いろいろと新しいお墓の形態を生み出していますので、ちょっと興味を持っていただければと思います。

内田　どういうお墓なんですか。

釈　永代供養墓や納骨堂などもあります。面白いのは、「自然《じねん》」と名付けられた生前個人墓です。生前に自分自身のお墓を申し込む方式になっています。納骨する場所の前に芝生がはってあって、そこの好きなところに小さな自分の墓石を置くんです。このやり方だと、大蓮寺のような都市部にあるお寺でも、少ない敷地で大勢のお墓を確保できます。ひとりひとりが自分のお墓を申し込み、お墓に申し込んだ人たちが「自然」のご供養を続けていく。いわばお墓共同体です。

「自然」の人たちは、普段から会合があったり、法話会があったり、旅行したりして交流されています。お盆やお彼岸もきちんとみんなでお参りされている。墓友《はかとも》です。お墓を縁にしての供養共同体とも言えます。このように、昔からある「お墓」であっても、少し視点を変えて工夫すれば、新しい中間コミュニティを生み出すことができます。

他にも、経済的に厳しい人への補助や、NPO法人との連携など、いろんなことをしているお寺です。

内田　それ、すごくいいアイディアですね。よく思いつきましたね、「墓縁」とは。「コモンの再生」ということを僕はつねづね訴えていますが、そうすると「どうやったら持続可能な共同体ができるでしょうか？」ということをよく訊かれます。僕がお答えするのは、

「自分はこれこれのものを提供したのだから、それに見合うだけのサービスを共同体から受け取りたい」という等価交換モデルを構想していたのでは相互扶助的な共同体はできません、ということです。

共同体というのは基本的に「持ち出し」なんです。もちろん、自分は懐手《ふところで》をしたままで、公共から多めに取る「フリーライダー」はいます。どんな組織を作っても必ず一定数の「フリーライダー」は発生します。だから、「一人のフリーライダーもいない共同体」というものを作ろうとしても、それは無理なんです。それをめざしたら、「共同体に提供した分」と「共同体から受け取った分」について細かい出納帳をつけないといけないし、その作業に意味があると思えるのは「収支とんとん」共同体が理想だという考えが無意識のうちに植え付けられているからです。

でも、それはまったく違うと思うんです。コモンというのは、主観的には、全員が「持ち出し」であり、全員が「割りを食っている」共同体だからです。メンバーひとりひとりが、共同体から受け取る分よりも、自分が持ち出した分のほうが多いと感じる共同体だけがコモンになりうる。その「持ち出し分」は、誰かが横取りするわけじゃなくて、共同体の「パブリックドメイン」に蓄積されて、共同体を豊かにしているからです。だから、「持ち出し」分が多ければ多いほど、メンバーとしては「共同体が豊かになって、うれしい」

と感じるべきなんです。共同体が豊かになれば、個人がいくら私財を投じてもとてもできないような大きな仕事ができる。その原資を作るための「持ち出し」です。

中世ヨーロッパのコモンはそういうものでした。コモンの原義は「共有地」です。村落共同体が共有し、共同管理する土地です。森があり、草原があり、川や池がある。村人はコモンに行って、家畜を放牧したり、狩りをして鳥や獣を獲ったり、魚を釣ったり、果実やキノコを採ったりすることができた。ですから、コモンが豊かな村落共同体に属していれば、個人としての財は乏しくても、豊かな生活を送ることができた。

現代におけるコモンも同じです。僕たちの場合はまず共有地を手作りするところから始めなければならない。だから、共同体に属する人は基本「持ち出し」なんです。まずコモンを豊かなものにする。そこから始まる。

その贈与を動機づけるのは「自分はこの共同体に『借り』があるから、それを返済する義務がある」という共同体幻想なんです。自分が先人から受け取ってきた知恵や技術や制度がある。自分はそれをすでに豊かに享受してきた。だから、それを豊かなままに次の世代に「パス」することが共同体成員としての自分の義務である。自分はすでにコモンの富を贈与されてきた。だから、反対給付義務がある。メンバーがそういうふうに考えられる組織だけが、持続可能な相互扶助共同体になることができる。先ほど「ファカルティー」

という教育共同体幻想について話しましたけれども、それと同じです。長い寿命を生きる、集合的な生物の自分は細胞のひとつである、臓器や骨格の一部分であるというタイプの幻想を内面化した人たちだけがコモンを支えることができる。

ですから、「コモンの再生」とか「アソシエーション」とか言いますけれど、「みんなで一緒に暮らしていると便利だし、楽しいよ」というだけでは、持続可能な共同体にはならないんです。「便利」も「楽しい」も今ここにいる自分が享受するものです。でも、コモンにおいては、今ここにいる私だけではなく、「もういない人」、「まだいない人」も共同体の恩恵を享受することができるように制度が設計されなければならない。そのためには、かなり強力な想像力の支えが要ります。

供養共同体は「過去の他者」と「未来の他者」、先行世代と未来世代をまとめてひとつの生命体と考えることで初めて成立します。その生命体が生きるために、毎日「元気?」と声をかけて、その生命体に餌をやったり、水をやったりするような感じでないと、コモンは維持できない。僕はそう思います。

野生の逆襲

釈　我々の社会のように流動性が高くなると、お墓はとても厄介な存在になります。日本では、生まれ育ったところで暮らす人はそれほど多くなくて、たいていは就職や結婚や赴任などで転居しながら暮らすことになります。そうなると「動かない」お墓は、足枷《あしかせ》みたいなことになってしまいます。

内田　最近、「墓じまい」という言葉をよく聴きますね。菩提寺や墓地にある先祖代々の墓を閉じるために、しかるべきお金を払うということのようですけれど、「墓じまい」をした場合、そこに祀られていた死者たちの霊はその後どうなるんですか？

釈　はい、墓じまいはとても多い印象があります。もともとのお墓から遺骨を引き上げて、墓地を返却することになります。しかし中には、ほったらかしになってしまっているお墓もあります。どこの墓地でも連絡がつかなくなった家があるようです。霊がどうなるかについては、信仰によって考え方が異なると思いますが、もはや「どうなるんだろう」というところへ思いを馳せること自体、消失しつつあるのかもしれません。

内田　これは僕の友人から聴いた話ですけれど、彼女の家のお墓はかなり山の中にあって、お墓参りに行こうと思って親族に連絡したら、「もうお墓には行けない」と言われたそうです。過疎化が進んで、ついに集落が無人になって、「山に呑《の》まれた」から。集落に行く道路も藪《やぶ》に覆われて、野生獣も出るし、蛇も出るので、怖くて集落までたどり着けない。だから「もうお墓のことは諦めてください」と言われたそうです。たぶん、同じようなことは日本中で起きつつあると思います。

「野生の逆襲」と言うべきことが起こりつつある。有史以来、日本列島住民は、自然を切り拓き、馴致《じゅんち》して、ひたすら人間の住むエリアを拡大してきたわけですけれども、それがここにきて止まった。各地で過疎地の無住地化が進行しています。長く存在していた集落が「山に呑まれて」、人間的な活動ができなくなっている。

釈　なるほど。「定期的に訪れねばならない場所」ということがお墓の本義だとしたら、訪れることができなくなれば成り立たない。

内田　先祖のお墓に定期的にお参りするというのは、供養儀礼の大切な一部だと思うんです。自分は、世代を超えた共同体に帰属していて、その共同体を継続させる義務を負っているという使命感がコモンを維持するインセンティブになっているわけです。ですから、お墓がなくなってしまうというのは、コモンにとっては、かなり大きなダメージになるような気がします。お墓はあるし、お参りしたい気持ちもあるのだけれど、野生に呑み込まれて、もうお参りできなくなったというのは、今まで日本人が一度も遭遇したことがない出来事だと思います。

釈　先ほど先生が、「過去にも未来にも伸びている生き物みたいなものに、ときどき餌を与える」という表現をされていましたが、そこが途切れてしまいますね。

内田　お墓って、水かけて洗ってあげたり、お花をあげたり、お線香を立てたり、お酒を注いだりするじゃないですか。ふつうの生き物の世話と似たことをする。石でできたものなのに、まるで「長い時間を生きてきた生き物」の化石化した一部のようなものとして扱っている。だから、ときどき水をあげたり、餌をあげて、「元気にしてる?」ぐらいのことを言ってあげないと、なんとなく気持ちが片づかない。

お墓をどうするかは、残されたほうの都合で

内田　前も話しましたけれど、僕の父親は遺言で「坊主を呼ぶな、お経をあげるな、戒名を付けるな」といろいろと注文が多い人でした。「遺骨は自分がよく登った山の尾根と海に撒いてくれ」と言ったので、一応、それだけは言うことを聞いて、お墓に納めるのとは別に分骨してもらった分を散骨したんです。

海のほうは、ボートで海に出て、散骨するというサービスがあるんですよね。ボートに

乗って沖まで出て、母と兄貴と三人で散骨して、花束を投げて、汽笛を鳴らすという、一応の儀礼らしいものがありました。山のほうは、兄貴と二人で山に登って、父親がよく歩いていた尾根に散骨しました。でも、残りの骨は鶴岡の内田家累代の墓と、ここの道縁廟に入れさせていただきました。

お墓をどうするかというのは、残ったほうの気持ちですからね。死ぬ側にはいろいろと注文があると思うんですけれども、供養する側としては、できるだけ供養しやすい状態がありがたい、ということがありますね。

釈　それはときどきご相談を受けることがあります。ご本人は自分自身の想いがあって遺言するのでしょうが、残された遺族や縁者たちにも想いがありますからね。散骨も簡単じゃないといった話も聞きます。海に散骨したあと、そこまでお参りに行くのが大変だとか。

以前、埼玉のお寺の婦人会の方からも似たような話を聞きました。その女性は、婦人会の中心メンバーで、すごく生き生きと活動されているんですよ。お寺とのご縁は、お連れ合いが亡くなったのがきっかけだったそうです。でも、その亡夫さんは、亡くなるときに、坊さん呼ぶな、葬式するな、散骨にしろ、と言ったそうで。

内田　うちの親父と一緒ですね。

釈　そうなんですよ（笑）。よく似た話で。本人はそのように決めていたのですが、実際に亡くなってみると、妻のほうはお葬式をしたい想いになったそうです。そして、「やっぱり本人の意向どおり、お葬式はしちゃいけないのかしら」と悩んでいたら、息子さんが「何も本人が言っていたことを全部守らなくていいんじゃないの」と言ってくれたらしいんですよ。それで一気に気が楽になって、結局お寺に頼んでお葬式をしたわけです。そのお寺さんがとても良くて、いいご縁が拡がって、今はお寺での活動をされているということです。先立つほうの想いを受けとめつつも、全部守らなくてもいいんじゃないかというところに進んだお話が面白かったです。

内田　それは本当にそうだと思います。親父の一周忌を鶴岡の菩提寺でやったのが縁になって、そこのご住職と仲良くなって、母親の葬儀のときも、兄の葬儀のときも、ご住職には鶴岡から来ていただきました。今も三回忌、七回忌には、鶴岡に行って法事をしています。「坊主は呼ぶな」と言われたけども、こちらの都合で呼んで、それでご縁ができる。それはもう生きて、供養をする側の都合でいいんじゃないでしょうかね。

お墓参りでOSをアップデートする⁉

釈　ツイッターで読んだんですけれども、あるお母さんが、小さなお子さんに「今日はお墓参りよ」って言ったら、「毎日お仏壇にお参りしているのに、どうしてお墓にも行かなきゃいけないの」と訊いたんですって。「いったい、死んだおじいちゃんはどこにいるの？」って。

そしたらお母さんが「死んだおじいちゃんはクラウドに保存されていて、お墓がデスクトップで、仏壇がモバイルなんや」と説明したそうです。だから、ときどき訪れてアップデートしないといけないんだ、って（笑）。

内田　その説明は、なかなかシャープだなあ。お墓の比喩もどんどん変わってくるんだ（笑）。

釈　こういうのもコンピューター文化のひとつですよね。人間の脳の仕組みも、コンピューターでたとえられるとよくわかったりする。先ほどの「餌をやりに行く」は、「アップデート」とも言えるんですね。お墓と生命の物語、あるいは死者のストーリーも変遷していく。

内田　コンピューターの設計そのものが人間の共同体を基にイメージしているところがあ

るんじゃないですかね。最初はＩＢＭ型の中央集権的なコンピューター・システムでしたけれども、Ａｐｐｌｅが出てきて、「それよりネットワークの『ご縁』でつながるほうがいい」と言い出した。そのうちに、「ネットワークでつないだものを共有するのは『雲の上』にしたらどう？」となる。これって、どちらかというと、人間の側の宗教的な感受性がコンピューター文化に投影されているんじゃないのかな。

釈　そういうことですか。

内田　人間が作るものって、結局全部、人間の身体をモデルにしているじゃないですか。建物でもそうです。最上階に社長室があって、地下に駐車場やボイラー室があって、途中にオフィスがある。一番大切なものが「頭」に来るべきだというのは、人間の身体観の投影でしょ？　地下に社長室があって、屋上にボイラーがあるビルとか造りませんからね。

釈　人間がデザインすると、まずは人体が雛形《ひながた》になりがちなのでしょう。そもそも、なんでも擬人化してしまうのが我々の脳のクセというか、特性ですよね。壁の染みだって、人間に見えちゃうのですから。

だから、集落や建築のデザインも、きっと人体がモデルになっていると思います。中心部に「思考」があって、周辺に「感覚器官」があって、みたいな。

さっきお話しした「墓地が集落の中央から端っこへと移動させられていった」というの

も、人体で言うと、死者が中心的課題であった時代から、末端のほうへとずらしていった、ということかもしれませんね。

お墓は境界線上に配置される

釈　お墓の場所というのは、日本中どこでも、「こういった地形であれば、だいたいこの辺につくる」といった共通感覚があるそうです。生の領域・死の領域とか、俗の領域・聖の領域といった感性も共通したところがある。そしてそれは、古代や中世あたりだとかなり強かったのだと思います。

内田　墓地は人間界と異界の中間にあるんじゃないですかね。中沢新一の『アースダイバー』を読んだうちのゼミ生が、中沢さんご本人がやるより何年か前に自力で「大阪アースダイバー」をやったんですよ。大阪の縄文海進期の地図を見て、その時期の海岸線をたどって、かつて岬だったところに今何があるか、摂津のあたりだけですけれど、歩いて調べた。これが見事なもので、ぴったり中沢説のとおりでした。かつての岬には、神社仏閣、墓地、病院、大学、そしてラブホテルがあるんだそうです(笑)。
よくできていると思いました。考えてみたら、神社仏閣は死者や神仏とのチャンネルで、墓地は異界に去った死者たちを供養する場、病院はそこで人が生まれたり、死んだりする場、大学は学びを通じて「外部」に踏み出すための場、ラブホテルは性行為のための場ですからね。人間の直感は侮れませんよ。

釈 生と死、聖と俗、定住と放浪、論理と情念など、異なる領域の接触点が一番クリエイティブですね。そここそ何かが生まれる場所ですよね。細胞分裂の先端みたいに。また異質なもの同士が影響を与え合う。境界線上は要注意領域でもあるし、とても創造的でもある。墓地もそういった性格を内包しているのかなあ。

内田 昔の人って、たぶん異界との境界線を身体的にリアルに感じられたんだと思います。武道をやっていると、「線」というのが皮膚感覚的にわかるんです。刀の刃筋にも、自分と相手を結ぶ正中線にも、たしかに物質的な触感がある。

そういう話を前に平尾剛《つよし》さんにしたことがあるんです。そのときに、ラグビーの試合の最中だと、タッチラインもフィジカルな触感があるんだという話を聞きました。平尾さんはウイングですから、パスを受け取って走るとき、ディフェンスに走路を塞《ふさ》がれて、外へ外へと追い込まれる。そうするとタッチラインを踏みそうになることがある。ラインを踏めば、相手ボールになってしまう。でも、タッチラインを踏みそうになると、ラインの上の空間がそっと押し戻してくれるんだそうです。「こっち来たらあかん」と言って（笑）、内側に押し戻してくれる。プレイヤー自身は必死で走ってますから足元のラインなんか見ていないんです。でも、タッチライン上の空間には物質的な手触りがある。そこにラインがあることが触覚的にわかる。
その話を聞いて、人間にとって「境界線」というのはかなり感知しやすいものなんじゃないかなと思いました。

釈　まさに境界線感覚ですね。そこの感度と、禁忌感をもっと大切にすべきなのかもしれません。人間の領域ではなく神の領域だといった感性は、現代人が頭で考える以上に重要なことかもしれません。たとえば、福岡の沖ノ島のように、日本中のあっちこっちに、人間は行ってはいけない、神事のときにだけ行く、といった場所があります。それは過去の他者や未来の他者への感性も育てるにちがいないです。そこをないがしろにしては、環境問題へのリアルな感性も発芽しない。

内田　境界線はそうですね。空間的な実在物じゃない。「誰にも帰属しない場所（No man's land)」、宗教的なコモンだと思います。

釈　そうでした、その論点もありました。境界線上を往来するマージナルな存在たち。おっしゃるように宗教的コモンですし、芸能やアートなども生まれます。さらに、この世ならぬものと我々とのプラットフォームでもあります。

こうしていろんな方面から見ていくと、お墓の形態は変貌を遂げていくものの、先に逝く者をなんらかのかたちで弔う営みは、手を変え、品を変えながら、ずっと続くのは間違いない。今日お話ししてみて、あらためて確信しました。

内田　お墓というのは、世界各地であり方は全部違うと思うんですよ。「死者をどう供養するか」というのは、自分たちの共同体の継続性をどう担保するかということですから、みなさん、それぞれに苦労していると思うんですよね。そして、まだ人類は正解を発見していない。

釈　今、日本では、死者儀礼を担当しているのは主として仏教ですが、これとて今後どうなっていくかわからない。少なくとも、ここ十五年くらいで変化しつつあった死者儀礼ですが、新型コロナ禍で一気に変化が加速しました。はたして現代人はどのような死者儀礼へと行きつくのか。目が離せない思いです。

第四章

今こそ、政教分離を考える

1　なぜ、政治と宗教は分けないといけないのか

うまく政教分離ができている国はない

釈　内田先生が『日本習合論』で書かれた神仏分離の問題と、今年（二〇二二年）大きく取り沙汰されている政教分離の問題（編集部註：二〇二二年七月八日に起きた安倍晋三元首相の銃撃事件をきっかけに、旧統一教会と議員の組織的な癒着が明らかになった問題）は、つながりがあると思います。というのも、日本の政教分離は第二次世界大戦後に、宗教を国家から徹底的に引き離すためつくられたものなので、アメリカやフランスやイギリスあたりの政教分離とはかなり異なります。それらの国々も、それぞれに異なっていますし、政教分離の考え方もかなり幅があります。

そして日本の政教分離の特殊性は、元をたどれば明治の宗教政策にも淵源《えんげん》があると言うことができます。

内田　「政教分離」という言葉が存在すること自体が「政教は分離しがたい」という事実を示しているわけですよね。釈先生がおっしゃるとおり、政教分離は国ごとにかたちが違っていて、どこでもうまくゆかずに悪戦苦闘している。見事に政教分離に成功している国って、ひとつもないですね。

釈　たしかにそうですね。クリアに線を引けないのは世界中どこの国でも同様です。ある程度の幅の中で収めるというのが世界の政教分離のあり方なんですけど、その解釈もさまざまなタイプがあります。

内田　よくフランスは「政教分離の模範」だと言われますね。でも、果たして政教分離政策が成功しているのかどうかと言うと、そうとは言えないと思う。そのせいでむしろ宗教問題が過激化、先鋭化しているように見えるからです。ムスリムに公的な場所で宗教的なふるまいをしてはならないとする政府による強制そのものが、ムスリムにとっては端的に「宗教的」な行為と解釈されるわけですから。

釈　そもそもイスラムは、政教分離することがかなり難しい宗教です。政治、経済、法律、衣食住など、あらゆる場面においてイスラムという様式をもっています。分けることが困難なんです。

内田　フランスが政教分離をめざしたのは、カトリックのイエズス会が国家の公的事業に深く干渉したことに市民が反発したからですよね。問題を解決するために政教分離を導入したのに、政教分離したせいで問題が増えたというのでは、なんのためにやっているのかわからない。その辺はあまり原理原則にこだわらずに、ケースバイケースでプラグマティックな対応をすることが求められると思いますけれど。

政教分離の二本柱

内田　アメリカも政教分離の国のはずですけれども、国家としての正統性を保証しているのは実は超越的な存在です。独立宣言には、「すべての人間は生まれながらにして平等であり、その創造主（Creator）によって、生命、自由、および幸福の追求を含む不可侵の権利を与えられている」と明記されていますし、リンカーンのゲティスバーグの演説でも、「この国は神の下（under God）に新たな誕生を迎える」とあって、それが「人民の、人民による、人民のための政治」なんです。アメリカにおいては政治の本質的な価値を保証してくれるのは「創造主」であり「神」なんです。そういう国を「政教分離ができている国」と言ってよいのかどうか。

釈　アメリカは、世界で初めて政教分離を憲法に謳《うた》った国で、十七世紀にロジャー・ウイリアムズなどが中心になって理論を構築するんですけども、要するに、少数派の信仰をちゃんと認めようという政教分離なんです。合衆国憲法修正第一条がSeparation of Church and Stateとなっていますので、国家が特定の教会に肩入れしないということです。公定教会（established church）を作らない。それをしてしまうと、他の信仰の人たちが抑圧されてしまうからです。日本みたいに政治的な場面から宗教をすべて排除するというタイプのものではありません。

内田　たしかに、アメリカでは、世俗的な意味で、宗教勢力が政治に関与することについては抑制的なんです。現にアメリカには宗教政党がない。でも、それは、政治というのは、わずかな歴史的条件の変化で、一気に、劇的に勝者敗者が入れ替わり、政治的正しさの基準も一変するものだからです。そういう激しく変化するシステムに宗教が巻き込まれてはならない。仮に宗教政党を作った場合、その政党が政権を取っている間はいいですけれど、失政やスキャンダルで政権の座から滑り落ちると、その宗教そのものが政党と一蓮《いちれん》托生《たくしょう》で没落してしまうリスクがある。トクヴィルはアメリカに宗教政党がない理由をそう説明していました。

現に、政党は離合集散が激しい。今は共和党と民主党の二大政党ですけれど、ここに至るまで、建国以来さまざまな政党ができては消えてきました。ある宗派が、そのどれかの政党と結びついていた場合、その宗派も政党と一緒に消えていっていたかもしれない。

政治と宗教は寿命の違う生物なんです。宗教のほうがはるかに寿命が長い。寿命の長い生物を寿命の短い生物と合体させるというのは不合理なんです。

釈　政治と宗教を組み合わせてしまうと、双方の特性が生かせないということでしょうか。そういえば、もともと政教分離を言い出したのは、ジョン・ロックや先ほどのロジャー・ウイリアムズですが、今のお話に通じるところがあります。彼らは次のように考えました。政治は魂の救済までは手が伸びない、むしろ伸ばすべきではない。その一方、宗教は、世俗的な治世・支配に乗り出すべきではない。そういった理屈で政教分離理念が生まれました。

今日、政教分離は基本的には、どのような信仰も自由であり尊重されるという信教の自由と、国家が特定の教会や宗派を保護したり優遇したりしない、この二本柱でできています。一九〇五年にフランスが政教分離法をつくったときも、この二本柱になっています。それがやがて、先ほど内田先生がおっしゃっていた、公共の場に宗教を持ち込まないという世俗主義になっていくんですけども。

戦後日本の極端な政教分離

釈　日本の場合は、戦後、GHQの指導で宗教課というのをつくって、国家と宗教や教育と宗教の関係を徹底的に見直します。その際、日本が超国家主義、軍国主義となった原因は、国家神道であると分析するんです。国家神道は、本来の神道からかたちを変えた近代独特のものです。明治政府は、神祇官《じんぎ》を創設して神道の国教化をめざします。このとき「神道は宗教ではなく、習俗である」という理屈を立てて、国民に神道教育を行うことになります。明治からずっとその調子であったわけではなく、まさに第二次世界大戦前、昭和の初期くらいから、後に国家神道と呼ばれる状況が推し進められるのです。戦後はここが問題となりました。

まずは、神道の国教政策をやめ、特別扱いをやめ、神祇院を廃止して、教育から国家神道的な要素を除きます。

日本の宗教関係の憲法には、二〇条（国は特定の宗教を保護しない）とか八九条（特定の宗教に公金を投入しない）などがありますが、宗教課のメンバーにウイリアム・ウッダードという人がいて、この人が後に当時の事情を公表しています。ウッダードはアメリカの神学者であり宗教研究者で、著書“The Allied Occupation of Japan 1945-1952 and Japanese

Religions"は、『天皇と神道―GHQの宗教政策―』として和訳されています。これによって当時どのような議論があって日本の政教分離が決められていったかを知ることができます。

それを読むと、日本でGHQがやろうとしていた政教分離は、とにかく宗教否定的で、ちょっと極端すぎると書かれています。宗教課のメンバーには、日本の宗教のことを知っている人はぜんぜんいないし、本格的な宗教の研究者もいない。ただひたすら国家神道を排除することに力を集中している。ウッダードは「国家神道は、もともとの神道から変質したもの」と考えていたようです。結果的には、日本の戦後の政教分離は、ウッダードが指摘したとおりかなり極端なものとなります。宗教は公的な舞台からすべて追い出す、学校教育から徹底して宗教色を排除する、というわけです。

とはいえ、人間の暮らしから宗教を全部排除することはできません。ときどき、問題も起こるわけです。昭和五十年くらいの忠魂碑訴訟などをご存じでしょうか。各地の忠魂碑や戦没者慰霊碑建立の際に、公金が使われた問題です。キリスト教や仏教のリベラル派の人、共産党などが厳しく批判しました。あるいは、地鎮祭のときに政治家が玉串料《たまぐし》を神社におさめるのも公金を使っているとか。もちろん一番大きな問題として靖国問題があります。

その一方で、保守派の人たちは「戦死者や戦没者を公的に慰霊したりするのは、当然のことだ。世界のどこの国でもやっている」と反論します。そこで、慰霊碑などは宗教なのか習俗なのか、といった議論が行われました。

日本の場合は、政治と宗教のうまい兼ね合いができないまま、放置されているんです。と言っても、どこの国でも政教分離のうまいモデルを構築できていないのですが。問題は日本の場合、ちゃんとこの問題を考える機会がほとんど無いことです。いまだに公的な議論がなされていません。学校教育でもできていない。

それに、日本は宗教教団の創価学会を支持母体とする公明党が与党である、という世界でも珍しい状況もあります。

また、保守系宗教団体が中心になって政治へと積極的に関わる日本会議などもあります。今回、政治家と旧統一教会との関係も明るみに出ました。

なし崩しに、政治と宗教とが不明瞭になっている傾向が見て取れます。旧統一教会問題の際に、「どこに問題があるの？　応援してもらえるなら、してもらうのが当たり前じゃないか」などと言い放った自民党議員がいました。

あと、数年前から取り組まれている道徳教育というのも、学校教育に宗教心を、というやつの変形のようです。

もう、考え出すと、いっぱいあって。

政治や経済にリンクする新興宗教は宗教なのか？

内田　本来、伝統宗教は、惰性が強くて、基本的に大きな変化はしないもののはずなんです。社会が変化すれば、たしかに多少のマイナーチェンジはするけれども、根本のところは変わらない。それが、幕末から明治に切り替わるときに、政府はそれまでの宗教的伝統を政策的に断ち切って、きわめて人工的に天皇崇拝のための国家神道を支配的な宗教形式に作り上げました。神祇官を立て、神仏分離・廃仏毀釈を行い、神社を統廃合して、地域の伝統的な信仰や儀礼の拠点であった何百年も続いている社や祠《ほこら》を壊して、神社の管理権を地域住民の手から奪って、国家が直接管理する仕組みに作り替えた。そのときから、宗教が政治の強い関与を受けるのが「当たり前」ということになった。

先ほども言いましたけど、宗教と政治って、もともと種が違う生き物だと思うんです。宗教は信仰する生身の人間たちの感情生活や身体実感から持続的に滋養を取り入れることでその寿命を保っている。政治も人間からエネルギーを取り込んでいることに変わりはないんですけれど、政治はどちらかと言うと脳内幻想に軸足を置いています。だから、わずかな入力変化によって政治は一気に変わる。でも、宗教が基盤にしている生身の人間の感情生活や身体実感はそれよりははるかに惰性が強い。

明治政府の宗教政策は政治イデオロギーによって生活者の感情生活や身体実感を支配しようとしたものだったと思うんです。そして、それから百五十年間、脳内幻想のほうが感情や身体よりも優位にあるべきだという考えが日本社会では支配的です。今も支配的です。宗教のほうが政治より下位にあるんだから、宗教は政治に従属すべきだという考え方です。

その典型的な現れが、「社会がこれだけ急激に変化している以上、宗教もそれに合わせて変わるべきだ」という言説だと思うんです。今、これと同じような口ぶりをありとあらゆる領域で感じます。

教育がそうです。「社会の変化に合わせて教育も変わるべきだ」ということをあたかも自明の真理であるかのように口にする人がたくさんいる。それは違うだろうと僕は思うんですよ。

医療や教育や司法や社会的インフラは、宇沢弘文先生の言われる「社会的共通資本」です。集団が存続するために必須のものですから、安定的・恒常的に運営されることが死活的に重要です。政治体制がどうなろうと、景況がどうなろうと、天変地異が起きようと、戦争が起きようと、かなうかぎり「昨日の続き」として安定的に管理運営されなければならない。政権交代したから病院がなくなったとか、株価が下がったから教育プログラムが変わったとか、台風が来たから司法判断が変わったとかいうことは決してあってはならないんです。

僕は宗教も社会的共通資本のひとつに数え入れてよいと思うんです。それなしでは集団が持続的に存続することができないという意味では、宗教は社会的共通資本のひとつだと思う。だとすれば、宗教は政治やマーケットとリンクすべきではない。

それは政治やマーケットが常に「誤っている」という意味ではないんです。そうではなくて、政治とマーケットは「複雑系」だということです。複雑系というのは、「北京で蝶がはばたくと、ニューヨークで嵐が起きる」という比喩から知れるとおり、わずかな入力変化で、劇的な出力変化が起きるシステムのことです。良い悪いじゃなくて、「そういうもの」なんです。個人のちょっとした関与で世界の風景が一変するということが起きる。一人の人間の潜在可能性がどれほど巨大なものかを教えてくれる。

ですから、全能感や達成感を求める人間が複雑系のうちで生きたいと思うようになるのは当然なんです。そういう人たちが好んで政治やビジネスの世界に入る。それを「止めろ」と言っても仕方がない。それが楽しくて仕方がないという人たちは、政治ゲームでもマネーゲームでもなんでもすればいい。

でも、自分の楽しみのために複雑系に飛び込んだ人たちが、惰性的であることが手柄であるような社会的共通資本のほうに手を突っ込んでくるのはやめてほしいんです。医療や教育や司法や宗教は、政治やビジネスとは「ニッチ」が違うんですから。巨大な入力変化があっても、ゆっくりとしか変化しない。脳内幻想なら「黒から白」にいきなり切り替えることが可能ですけれども、感情生活や身体実感は長い時間をかけて形成されてきたものですから、そういう急激な変化にはなじまないし、したら壊れる。

今世界で起きているのは、まばたきしているうちにいきなり風景が変わるような、政治とビジネスという「複雑系モデル」に人間的活動の全領域が巻き込まれているということだと思うんです。宗教もそこに巻き込まれている。宗教が「政治化」している。「宗教の政治化」を推進しようとしている人たちと、それに抗って、「宗教は非政治的であるべき」というところに踏みとどまろうとしている人たちの争いが起こっているように僕には見えます。宗教そのものの中で分裂が起きている。

伝統宗教と新興宗教の最大の違いというのは、たぶん新興宗教は変化を恐れないということだと思います。政治やビジネスと結びつくことになんの抵抗もない。政治状況の変化や、マーケットの動きにリンクして、それと同じスピードで変化していくことを厭《いと》わない。というか、宗教もまたそうであるべきだというのが、新しいタイプの宗教だと思います。

新宗教、新新宗教と呼ばれるようなものはすべてそうだと思います。創価学会も幸福の科学もオウム真理教も旧統一教会もいずれも「政治化」することにまったく抵抗がない。むしろ、政治システムの中に政治的変化を加速するアクターとして入り込もうとしている。

旧統一教会が典型的ですけれども、組織も活動内容も、そもそも誰がトップであるかも含めてめまぐるしく変わる。少しでも状況が変わったら、すぐにそれにジャストフィットして変化する。状況の変化に乗り遅れたメンバーは力を失って、組織から脱落してゆく。政治権力やマネーメイキングに好都合なら何をしてもかまわない。この吹っ切れ方が旧統一教会は尋常じゃない。僕はこんなものを「宗教」とは呼びたくないんですよ。宗教が政治化すること、ビジネス化することに違和感を覚えないような人たちのことを「宗教者」とは呼びたくない。

今、そういう「宗教のようなもの」「宗教もどき」が政治やマーケットと結びついて活動しているわけです。そういう組織が問題になるときに、浄土真宗のような伝統宗教としては、「宗教は……」とひとくくりにして論じられることには納得がゆかないんじゃないかと思いますけど。

反社会的集団ではなくて、過社会的集団

釈 そうですね。私の周りでも「宗教は」という主語で語るべきではない、と考える人がいます。問題は、明らかに反社会的な……。

内田 「反社会的」という言い方に僕は抵抗を感じるんです。旧統一教会って別に「反社会的」じゃないでしょう。むしろ過剰に社会的なんじゃないですか？　だって、彼らがありがたがっているものって、権力と財貨と名声でしょう？　それってすべて世俗的価値じゃないですか。世俗的価値をあがめる宗教がどうして「反社会的」なんですか。世俗的価値を手に入れようとするときに、非合法的な手段に訴えることを辞さない人たちは「反社会的」ではなく、むしろ「過社会的」と呼ぶべきじゃないかと思うんです。

たとえば、やくざのことを「反社会的集団」というけれども、「金と力でものごとが決まる」というのがやくざの世界の常識なら、それは我々が暮らしているこの社会の常識と同じじゃないですか。みんなが欲しがっている「金と力」を手に入れるときに非合法的な手段を採ることを厭わないというだけで、めざしている方向が同じなら、やくざを「反社

会的」集団と呼ぶのは言葉の使い方として間違っていると思う。それは逆に言えば、「社会的」という形容詞は別に「よいもの」「正しいもの」を意味しているわけではないということなんですけど。

釈　なるほど、反社会的ではなく、過剰に社会の価値に適応している、と。宗教は、社会と別の価値を持っている、だからこそ、人は救われる。つまり、そもそも脱社会・抗社会であり、社会とバッティングするところに本質がある。でも、反社会的行動をする集団に対しては、社会は立ち向かわねばならない。このあたりはしっかりと見極める必要がありそうです。時には「宗教というのはどいつもこいつも反社会的だ」と嫌悪する人もいるのですが、反社会的じゃなくて過社会的な場合もあると見たほうがよさそうです。

内田　おっしゃるとおりに、本来宗教は社会とは別の価値を持つものなんです。金とか権力とか威信とかいう世俗的価値をありがたいとあがめている人は政治やビジネスの世界のプレイヤーになればいい。宗教にかかわってほしくない。

宗教って、本来はすぐれて非社会的なもののはずなんです。世俗の価値に背を向けるんですから。世間にはさまざまなイデオロギーや価値観や処世術が渦巻いているけれども、一歩山門を潜ると、そこにはまったく別の価値体系が展開している。別乾坤《けんこん》に踏み入る。そういう世界観のドラスティックな切り替えは人間が生きてゆく上では絶対に必要なんです。だからこそ宗教は生まれたわけでしょう。社会的なものと非社会的なものは境界線をはさんで共存している。その境界線を往き来することが、人間が霊的な生き物として生きてゆくということだと思うんです。

釈　はい。非社会の領域がないと、社会で生きづらい人は救われないですから。そのあたり、新しい教団は宗教本来のとげとげしさを持っていると言いますか、宗教ならではの魅力である非社会性を失っていないように見えます。ただ、そこも、よくよく見ると、単に世俗の価値が過剰になっているだけ、といった場合もあるということですね。

一方で、伝統教団は、すっかりとげが取れちゃって、世俗と拮抗するところが無くなってしまっていたりします。そうなると宗教特有の魅力は減少する。宗教社会学でメロー化と言ったりするようですが、世俗の中に組み込まれちゃうんですね。それに、図体がでかいので、フットワークがにぶく、なかなか人々の苦悩に向き合えなかったりします。やっぱり宗教というのは、社会とギリギリのところでせめぎ合って、ぶつかる接触面に新しい文化が生まれたりする、そこに魅力があります。

内田　宗教で使うときと、政治やビジネスで使うときは、本来同じ言葉でも意味が違ってくるはずなんです。言葉の意味も違うし、時間を計る仕方も、価値の度量衡も違う。それくらいに違っていれば、社会的なものと非社会的なものの間で対立やフリクションは起きないと思うんです。社会的なものと非社会的なものは噛み合わない。それでいいと思うんです、噛み合わなくて。

市民よりも低くなった日本の政治倫理

釈　この前、たまたまツイッターを見ていたら、今回の旧統一教会の問題について、内田先生がインタビューに答えてはりました。それで、「この三十年、統一教会の噂をぜんぜん聞かなかったよ」と言っておられましたが、私、数年ほど前に「近年、統一教会の教団名称が変わったんですよ。これまで名称変更を受け付けてなかったのですが、急に認められた。その背景には政治的動きがあって……」という話を先生にしているんです（笑）。全国霊感商法対策弁護士連絡会のみなさんが中心になって、「教団名称の変更を受け付けないように」との申し入れをされていました。文化庁の宗務課でも受け付けていなかったのですが、安倍政権で下村文科大臣のときに受け付けたわけです。この話をしたら、内田先生も「それはひどい話だね」とおっしゃってましたよ（笑）。

内田　ごめんなさい。旧統一教会のこと、その頃はそれほど興味がなかったんでしょうね。前に問題になったときに、あそこまで大騒ぎになって、ワイドショーで面白おかしくいじられて、ネタとして消費されていたから、もう宗教組織としては終わりだろうと勝手に思い込んでいたんです。まさか、その間にここまで深く政権政党に入り込んで、日本の政治に影響を及ぼしているとは知りませんでした。

釈　たしかにあれだけ問題が露呈して、たくさんの訴訟があって、被害者の会まである教団だったのですから。でも、そこに手伝ってもらっていた政治家がたくさんいたわけです。これも、霊感商法対策弁護士連絡会で教えてもらったのですが、無償で選挙活動を手伝ってくれるし、動員をかけられるし、みんな慣れているので手際も良いし、ものすごく使い勝手がいいそうです。中には秘書として迎えている政治家もいる。

内田　前ならとっくに内閣が二つ三つ飛んでしまうようなスキャンダルは、安倍政権菅政権の間に何度もありましたね。でも、まったく何事もなかったように素通りされた。国会議員というのは公人であるんですから、中身はともかく、外側だけは一応「選良」であるふりくらいはしないといけないと思うんです。「李下《りか》に冠を正さず」という言葉があります。ふつうの人ならやっても罰されないことでも、高位にある公人には許されないという「公人の心得」を説いたものです。権力者には「推定有罪」のルールが適用される。

でも、安倍政権のときから、それが逆転した。市民がすると処罰されることでも、権力者やその周辺にいる人間なら処罰されないということが新しいルールになった。「権力があるというのは、一般市民が守るべき法律や規範を守らなくてもよいことである」という理解が安倍政権時代に定着した。権力を持つ人間は、一般市民よりも法律を軽んじる権利、下品である権利、没論理的である権利、嘘をつく権利を持っている。今の日本人はたぶんそう考えていると思います。そういう権利を手に入れたいからこそ、あれほど必死になって選挙運動をして議席を手に入れたのだ。「その程度の特権」は認めてやっていいんじゃないかというような訳知り顔を有権者自身がしている。

釈　ええ。むしろ芸能人のほうが厳しい倫理批判にさらされたりする事態になっています。一方、政治家がツイッターでひどい暴言を吐いても、許されている。

内田　昔だったらよほど下品な人間が居酒屋のカウンターで泥酔して口走るようなことを、国会議員が平然とツイッターで書いています。自己規制の基準の底が抜けてしまった。このままゆけば、日本の政治家たちは、さらに下品に、さらに非理性的に、さらに厚顔無恥になってゆくと思います。そのほうが「権力者らしく」見えると思って。

実際に旧統一教会と長く付き合って、相互に便宜を図ってきたのだとしたら、本来なら政治責任を取って辞職するのが当然だと思うんです。でも、それが五人や一〇人ではすまない。自民党と旧統一教会の癒着はあまりに組織的だった。もし癒着していた議員が全員辞職したら、半数近くが辞職するという解党的危機になる。まさか、それは受け入れられない。だとすると、「旧統一教会と癒着していたのは事実だけれど、それのどこが悪い」と居直るしかない。

政治責任をきっちり取るというのは、本来は合理的なふるまいのはずなんです。そうふるまうことを通じて倫理的なインテグリティを証明してみせたほうが、この先政治家としてはともかく、一人の市民として生きてゆく上ではプラスが多い。意地汚く地位にしがみついていると、短期的には得るものがあっても、長期的には「間尺に合わない」。そういう計算が立ったからこそ、政治家は頃合いを見計らって政治責任を取ったわけです。

でも、今は違います。「政治責任を取らない」ということが政治家のデフォルトになった。嘘をついても、矛盾したことを言い張っても、バカのふりをしても、とにかく責任を取らないという態度が「プロの政治家らしい」というプラス評価につながるようになった。これはまさに安倍晋三という政治家が身を以て「範を垂れた」ことの効果だと思います。

国の中心にいて、国の舵取りをする人たちのほうが一般市民より倫理性が低く、論理性に欠けているのが「ふつう」というのはもう亡国の徴候だと思います。芸能人だと反社会的勢力の宴会とかに顔を出しただけで芸能界追放とかになっているのに。政治家に適用される倫理基準が芸人より「甘い」って、どういうことなんだ。

釈　政治家より芸人のほうが激しい世論にさらされる社会状況というのは、不健全ですよね。

宗教をなめてはいけない

釈　いつの間にか、宗教教団から支援されたり、教団に組織票を依頼することが、当たり前の感覚になってきている。そこに問題意識も無い。献金も期待できる。かつて数々の社会問題や犯罪を起こしたところであっても、気にしていない。それではあまりにも政治家に宗教リテラシーが無さすぎます。また、宗教に対するセンスの悪さ、意識の低さがひどい。

だから僕ね、今、ひどい目に遭ったらええと思っているんです。まだまだ痛い目に遭うのが足りないと思うくらいです。政治家が教団をコントロールして、うまく使っている気になっている。利用できると考えている。また教団もそれに乗っかっている。どちらも宗教を甘く見ている。でも宗教を甘く見て活用したら、必ず痛い目に遭います。だって宗教って、人間から生まれたものでありながら、人間を超えて自律的に動く巨大システム、スーパーシステムみたいなものでしょう。あっという間に人間のコントロール下にはいなくなる性格を持っているんですよ。
　とにかく、一から宗教をしっかり学び、自分できちんと考察しろと言いたいです。

内田　釈先生、よくおっしゃいました。ほんとにそうですよね。宗教をなめたらいけません。なめた人間には罰が当たる。自分の中にまともな宗教的な感受性とか、素直な信仰心があったら、旧統一教会と癒着するなんてことができるはずがないんです。超越的なものに対する畏敬の念というものを本当に持っている人なら、自分の世俗的な利益のために宗教を利用するというようなことは絶対しないはずなんです。

釈　政教分離についても、この際、みんなで取り組まねばならない。何より真っ先に政治家がよく考えて議論する必要があります。

内田　どうして政教分離が必要かというと、政教が癒合すると「こういうこと」が起こるからです。でも、たぶん今の政治家たちは、宗教を利用したり、されたりすることは「世俗的なマター」だと思っている。でも、違いますよ。宗教は怖いです。

2　旧統一教会、カルト宗教二世、移民

旧統一教会の組織上部と信者は別

釈　政治に接近する宗教団体の側も、この機にしっかりと議論・考察するべきです。やはり教団ぐるみで投票を統一したり、政治活動を強要したりする行為は、民主主義を阻害すると思います。教団が信者の民主主義に参加する権利を侵害しているわけです。

旧統一教会は、とにかくいろんな政治家に触手を伸ばしていたようです。自分たちの教団に対してメリットがあればいい、という感じで。そんな教団のあり方に振り回され、搾取されてきた旧統一教会信者の人も被害に遭っているわけです。

内田　ただ、それは旧統一教会が本当に宗教だったらという話ですよね。旧統一教会が本当に宗教だったら、「なめたらひどい目に遭う」と思います。でも先ほどお話ししたように、旧統一教会は過剰に社会的価値観に適応した集団であり、宗教集団というよりは、反

共イデオロギーを宣布する政治結社であり、宗教ビジネスであると、政治家の側が考えていたのだとすれば、政治家の側に宗教と接するときに必要な緊張感がなかったのも理解できます。

釈　はい、そこは旧統一教会の特殊な事情もあります。宗教社会学者の櫻井義秀先生によれば、「旧統一教会は、カルトのコングロマリット」だそうです。宗教教団という枠では捉えきれない。商業カルトでもあり、政治カルトでもあり、教育カルトでもある。

とはいえ、基盤を成しているのは、末端の純粋に信仰している人、というかマインドコントロールされている人ですので、その人たちをコントロールするのに宗教理念や信仰形態が利用されていると言えます。たとえば、先祖供養とか、地獄に堕ちるとか。本当にひどい手口です。

内田　旧統一教会を利用した政治家と政治家を利用した教団トップの人間が、たぶん人間としては同質な人間だったということですね。利用された一般信者はむしろそれよりは宗教的な人たちだったと思います。この人たちが抱いている死者への供養の思いとか、超越的なものに対する恐怖心とかいう、ごく自然な宗教感情を最大限に利用した。これは本当に汚いやり方だったと思います。

釈　はい。その人たちを利用している政治家たちに正義感はないのかと思いますね。まあ、そのあたりのこともちゃんと理解せずに付き合っているんでしょうけど。

内田　先ほどお話しくださったように、釈先生が「統一教会の名称が変わったんですよ」とか「合同結婚式を依然としてやっているみたいですよ」とか言っても、僕が興味を示さなかったのは、メディアが報じていなかったし、僕の周りに一人も当事者がいなかったからなんだと思います。

でも、僕が凱風館を建てるときに、旧統一教会から「少しお金出しましょうか」ってオファーされたら、「え、いったい何を考えているんだ、この教団は……。オレにどんな利用価値があるんだろう？」って考えますよ（笑）。でも、自民党の政治家たちは、その問いを自分に向けなかった。霊感商法の被害者の弁護団の方から、何度も「旧統一教会とは関わりを持たないでください」という書面での依頼があったにもかかわらず、それをスルーしておいて、利用し利用されたわけですから、今さら「知らなかった」ではすまされない。

釈　ええ、確信犯とも言えます。長きにわたって付き合ってきたのですから。私にしても、六〜七年前に、霊感商法の問題に関わっている弁護士さんたちとのご縁があったために、実態を知る機会があっただけですから。

カルト宗教二世問題

釈　今回の問題で、もうひとつ注目すべきは、カルト宗教二世問題です。実はここ数年で急にカルト二世問題が表面化していました。きっかけはSNSです。ツイッターなどで、カルト二世・三世の人たちが自分の経験や現状や苦悩を発信し始めたんです。その発信に連鎖反応が起こりました。カルト二世の生い立ちや家庭について描いたマンガやエッセイが発売されたり、ネット上で語り合うグループが生まれたりしました。その中には、旧統一教会の二世・三世や、ものみの塔（エホバの証人）やヤマギシ会などのほか、創価学会の家庭に生まれ育った人の発言も多く見受けられました。中には伝統仏教系の人や、熱心なクリスチャンの家庭の人もいます。

カルト二世や三世の人たちは、信者である家族から脱出しても、社会を生きる術に乏しい。社会とは異なる理屈で育ってきたからです。ですから、サポートなしに社会復帰するのは困難なので、助けを求める声も上がっていたわけです。

内田　前に一緒に本を出した矢内東紀《やうちはるき》さんという方も、ある意味でのカルト二世なんですよ。ご両親が東大全共闘の活動家で、大学を辞めたあと、私有財産を持たないコミューンを作って、彼はそこで育ったんです。彼自身もそのコミューンの後継者と目されていた。

幸福の科学の大川隆法さんのご子息と一緒に一時期よくYouTubeで宗教の話をしていましたね。

釈　そうなんですか。私が「宗教二世」という用語を使わず、「カルト二世」と使っているのは、カルトって宗教だけじゃないからです。さっきも少し言及しましたが、政治カルトや教育カルトもある。この場合のカルトは、偏狭的・熱狂的に信じているといった意味です。偏狭的に信じている人は、伝統宗教にもいますので、決して新しい宗教だけの問題じゃありません。

カルト二世の問題が世間で大きな注目を集めたのは、一九八五年に川崎で起きたエホバの証人輸血拒否事件です。親がエホバの証人の信者で、子どもが交通事故に遭って、輸血を拒否したために死亡したという事件でした。このとき、親の信仰はどこまで子どもに適応されるのか、といった議論が起こりました。この事件は大泉実成《みつなり》というノンフィクション・ライターが『説得』というルポルタージュにしています。大泉氏自身もエホバの証人信者を祖母にもつカルト二世だったそうです。

このノンフィクションを読むと、両親もかなりギリギリまで苦しんだようです。なにしろ、輸血すると神にそむくことになり、永遠に苦しまなければならない、といった教えの中にいたらしくて。宗教においては、生命よりも信仰が優先される事態は起こり得ます。

ただ、それを子どもさんが望んでいたのかどうか。

いずれにしても、カルト宗教二世問題は、社会がサポート・介入せねばならないと思います。虐待問題と同じです。虐待問題であれば、児童相談所や警察の介入があるのですが、宗教問題だと手を出さないという状況です。でも、教団によっては、明らかに虐待と見なされる行為を、行わせているところもあります。

今回の痛ましい事件を機に、カルト二世問題に光が当たることを望んでいます。

一番しわ寄せがくるのは子どもたち

内田　社会的孤立って、自己決定でそうなるわけじゃなくて、親世代から子どもたちに強要されるという場合もありますね。イギリスには、上流階級、中産階級、労働者階級のさらに下に「アンダークラス」というのがあります。労働者階級からさらに貧困化して脱落した人たちです。仕事がなくて、生活保護で暮らしている。イギリスの場合、サッチャーの時代に「ゆりかごから墓場まで」という福祉政策を転換して、生活保護世帯の切り捨てをしましたけれど、それだけの数の人たちが国に養われて暮らしていた。でも、最大の問題は、生活保護が国家財政にとって負担になるというだけのことじゃないんです。祖父母の代から仕事をしたことがないという人たちが集団で存在するようになるということなんです。

この「アンダークラス」の人たちの多くは生まれてから一度も定職に就いたことがない。だから、毎朝決まった時間に起きて、朝ご飯を食べて、身支度をして、働きに出かけるという習慣がない。好きな時間に起きて、好きな時間に寝て、好きな時間に飯を食う。朝起きたら、まず顔を洗うとか、歯を磨くとか、外に出るときには見苦しくない服装をするといった気の遣い方をしない。

そういう親たちの下で育った子どもには、もう社会に出て仕事をするための基本的な能力そのものが欠けてしまっている。学力がないとか、教養がないとか、そういうレベルじゃないんです。社会人としての最低限のマナーが身体化していない。生活保護が親の代から続くと、そういう子どもが生まれてしまう、という話をブレイディみかこさんの『子どもたちの階級闘争』という本で教えてもらいました。

ですから、サッチャー以来繰り返し社会福祉予算を削って、生活保護受給者たちに就労するように圧力をかけたんですけれど、無理なんです。生活保護の受給金額を減らしたら、親が「じゃあ、仕方がない働きに出るか」というふうにはならなかった。子どもにご飯を食べさせなくなった。そうやって子どもが飢餓状態になった。親に社会性がないと、そのしわ寄せがくるのは子どもたちなんですよ。これはカルト二世の話とも通じていると思います。親が子どもの社会化に失敗すると、子どもはもう自助努力でどうこうなるということができない。

釈　カルト二世問題も、貧困問題に関わっていることが多いようです。

内田　そうですね。八〇年代九〇年代は、貧困層をどうやって救済するかというのは、喫緊の問題ではなかったですよね。

釈　我々は一億総中流の時代を経験していますので、日本で子どもの貧困が取り沙汰されたときは衝撃を受けました。日本社会はどこで選択を誤ったのだろうと……。

　私の友人にも、貧困問題に関わったり、子ども食堂をやっている人がいるのですが、日本の貧困は見えにくいって言ってました。本当に救いを求めている人に、届きにくい。子ども食堂にしても、本当に困っている人がなかなか来てくれないそうです。

内田　そうだと思います。行政の用意する救済措置を利用できるのは、それなりに恵まれた階層なんです。そういう救済措置があるということを知っていて、それにアクセスする手伝いをしてくれる支援者が周りにいて、自分の窮状を説明して「助けてください」と言えるわけですから。「助けてください」ってちゃんと言えるのは、かなり社会性が高い人ですよ。

前にフランスに行ったときに教えてもらったのですが、フランス政府も貧困者や移民への社会福祉対策をやっているんですが、申請手続きがかなり面倒くさいんです。だから、行政から困窮者への助成金が交付されるという制度があっても、申請できるのは、フランス語が読めて、フランス語で申請書類が書けるだけのリテラシーがある人か、あるいはそういう手続きに詳しい支援者が周りにいる人にかぎられる。ですから、本人がフランス語ができない、周りにフランス人の支援者がいないという、本当に孤立していて、本当に支援を必要としている移民や難民には行政からの支援は届かない。

それでも、行政は「やるべきことはやっています」と言えるわけです。支援の仕組みはちゃんと作った。それを利用できないのはそっちの責任だ、と。フランス社会にある程度統合されている人なら公的支援を受けられるけれども、フランス社会に居場所を持たない、本当に孤立している人は、そもそも支援システムがあることも知らないし、支援を受けるためのノウハウも知らない。そうやって格差が拡大する。

釈　そういうことなんですね。まして、カルト二世・三世となると、保護者が社会から子どもを引き離していたりするわけで、さらに困難です。「少しでもお金が入ると、親は教団に献金してしまう。そして子どもは困窮を強いられる」という事例が、旧統一教会問題でも数多く報告されています。子どもが自らそこを脱出することはできないので、誰かの介入が必要となる。そこは他の虐待問題と同じなわけです。

内田　二世三世の救済は、あらゆる手立てを尽くしてやるべきことだと思います。もちろん一次的には教団の責任、親である信者の責任なんですけれども、そんなことを言っていたら支援の手が届かない。誰の責任かということは脇に置いて、とりあえず、できることがあればやるということしかやりようがないですね。

政教分離のビジョンなしに移民を受け入れようとする日本

釈　ちょうど、イギリスのお話が出たので連想したんですが、イギリスはフランスとはまた違う宗教政策を行っています。公教育を含めた学校教育で、きちんと宗教について学ぶという路線です。イギリスの宗教教育については、日本でも藤原聖子《さとこ》さんはじめ数多くの研究が行われています。とても工夫された教育理念やカリキュラムで実施されているようです。さまざまな宗教についての知識はもちろん、異なる信仰をどう尊重していくかについて深く考察したり実践したりする内容になっています。イギリスは多文化共生をめざしているので、やはり宗教について教育すべきだと考えるんですね。公的な場所に宗教を持ち込まない路線のフランスとは異なります。

ただ、イギリスはイギリスで苦労している面があります。互いに異なる信仰を容認することが裏目に出ると、社会が分断しがちなんですね。ムスリムはムスリム、中国人は中国人みたいなクラスターができちゃうそうです。ですから、いつまで経っても、同じイギリス社会のメンバーとして仲間に入れない、みたいなことになる。祖父母のときからイギリスへやってきて、生まれも育ちもイギリスなのに、いまだに疎外感を感じている若者が、自分のアイデンティティを求めて、イスラム過激派組織に入っちゃったりする。

一方で、フランスのほうは、「スカーフをつけて公立学校に来るな」とか「ビーチではブルキニを脱げ」などといった宗教排除（の名を借りたイスラムヘイト？）が問題になっている。

このように宗教というのは本当に扱いにくい問題です。取り扱い要注意案件なんです。

では日本はこれからどの路線をとるのが良いのでしょうか。

これからの日本は外国からの移住を広く受け入れる予定です。まずは三〇万人以上の受け入れを始めることになります。でも、単に労働力不足を補うために門戸を開くような態度ではうまくいかないと思います。ずっと総務省とかのレポートを追っているんですけど、宗教に関してホント考えていないんですよ。社会保障とか、雇用形態とか、そういうのは一生懸命考えているのはわかるんですけど。これまた宗教を甘く見すぎていると言わざるを得ません。

たとえば、日本へ移住して暮らすと、日本で亡くなるわけですよね。遺体を土葬する宗教は多いですからね。

内田　イスラムは土葬なんですよね？

釈　そうなんです。それをどう考えるのか。人が亡くなって埋葬する場所を準備するのは、行政の役割だろうと思うんですけど、それも取り組んでいない。

フランスもイギリスもうまくいっていないけど、少なくとも「宗教について、この方針でやります」というビジョンは持ってやっているわけです。日本はノービジョンですよ。きっと社会が荒れると思うんです。

内田　いずれ後悔することになると思いますよ。多文化共生って、本当に難しいんですよ。人種も言語も宗教も生活習慣も違う人たちが、全員同じ身分の市民として参加できる「パブリックドメイン」を形成しつつ、かつそれぞれのエスニックグループが保持したい固有の文化を守ることも保証しないといけない。「共有すべきこと」と「守るべき固有のもの」の両方の顔を立てた複雑な社会システムを設計しなければいけない。異文化の共生というのは、行政が「こういうモデルでやってください。あとはよろしく」でできることじゃないんです。参加するすべての住民たちの市民的成熟が必須なんです。市民的成熟なんて「お願いします」という告知をすれば、それでできるというものじゃない。長期にわたる、体系的な教育が必要になる。気が遠くなるほどの大事業なんです。でも、そういう市民教育が必要だということについての社会的合意さえ存在しない。

釈　ヨーロッパのように、ずっと昔からさまざまな民族がひしめき合って暮らしてきて、それに対するスキルと知恵の蓄積があっても、うまくいかないんですからね。労働力が足りないから来てね、みたいなことで、日本がうまくいく気がまったくしないんです。何よりも、宗教について考えなさすぎだと思うんです。これも公的機関が宗教については触れないといった態度の延長にあるんじゃないでしょうか。

ただ、どうやら日本は給料が安くて、諸外国から選ばれない国になりつつあるようです。だから、政府が期待しているほど、労働力はやって来ないかもしれません。むしろ、日本人が海外へ働きに出ることになるかも。

冠婚葬祭でのふるまいに出る市民的成熟度

内田　僕は子どもの頃に大人を見ていて、葬式というのは市民的成熟度のひとつの指標だなと思ったんです。うちの父親は会葬御礼がめっちゃちゃうまかったんですよ（笑）。定型句を定型どおりに言うんだけれど、微妙に故人に対する敬意や愛情が込められていて、長くも短くもなく。最後に「本日はご会葬ありがとうございました」と一礼する。

そのときに、大人ってこれができなきゃいけないんだなと思ったんですよ。結婚式のスピーチとか、会葬御礼とかできちんとしたことが言えるのが大人の条件なのだなと思った。

昔はどんな会社でも、総務の課長とかで、異様に葬儀の手際がいい人がいたじゃないですか。社内で誰かの身内のお葬式があると、腕に黒い腕章巻いてやってきて、葬儀屋さんと打ち合わせして、てきぱきと全部段取りをしてくれる。身内でもないし、業者でもない。なんというか微妙に適度な距離感の人がいて、仕切ってくれた。

釈　昔から、総務課の人はカバンの中に数珠を持ってる、って言いましたもんね（笑）。結婚式やお葬式の場での身のふるまいみたいなものは、たしかにひとつの市民的成熟度と言えそうです。

内田　ああいうのってけっこう大事なことなんじゃないかと思うんです。ある時期から、結婚式の来賓のスピーチが本当につまらなくなりましたよね。政治家も役人も、しゃべり方は手慣れていてうまいんですが、ほんとに定型的なんですよね。昔の人の語る定型句は、定型を通じて自分の感情とか微かな自分なりの個人的な哲学の断片を示したわけで、その定型と定型からのずれのあわいを見せるもので、そこが大人の技だったんですけどね。

釈　お悔やみはまた特に難しいです。やっぱり子どもにはできないですからね。お悔やみが言えるのは、まさに大人の証ですよね。

内田　二十代でも無理ですよね。三十代でボチボチ。不思議なのは五十歳くらいになって、自分で実際に親を送ったりとか、自分自身が病気になったりとかして、老いとか死を考えるようになると、お悔やみの言葉に、突然、なんとも言えぬ味わいが出てくる。

釈　そういう味わいが出るような人柄、佇まいをめざさなきゃいけませんね。

科学性の教育と宗教性の教育は役割分担する

内田　ここ凱風館は道場で、本来は武道修業の場ですから、もちろん高度に宗教的な空間なわけですよ。「超越的なもの」とか「外部」とか「他者」ということをずっと意識する。僕はそれを教えるのは公教育では難しいと思うんです。それについては学校とこういう道場との分担でいいと思うんですよ。

宗教的な知性というのは、一見ランダムに見える事象の背後に美しい摂理とか神的な秩序が存在するということを直感する感覚のことですから、その点では自然科学と同じなんです。科学的知性も、一見ランダムに見えるすべての現象の背後には、数理的秩序が存在することを直感する能力なわけですから。現実の背後にある巨大な秩序を直感するという点では宗教人も科学者も同じことをしている。

だから、真の科学性を求める教育と、真の宗教性を求める教育というのは、かたちとしては同形的なものであり得ると思っているんです。そういう知性の働きを、学校では科学として教えて、宗教的な知性を練り上げるという仕事は、如来寺や凱風館が担う。そういうふうに手分けをしてやればいいという気がするんです。

釈　なるほど。学校とは異なるアプローチで市民的成熟を担う場ですね。また市民的成熟の具体的姿として、どんな場を生み出し、保持していくかに取り組むことも課題にありそうです。宗教的感受性が育つような場。さらに、お墓をテーマにしたときにも出た、中間共同体の問題にも関わりますね。

内田　日本人の宗教的な感受性はもうかなり鈍磨しているという気がするんです。でも、宗教的な感受性そのものは、どんな時代の、どんな社会でも、みんな等しく潜在的には持っていると思うんです。それが抑圧されたり、歪められたりする社会と、わりあいすくすく健全に育ってゆく社会の違いがある。それは社会的な活動を通じて補正できると思うんです。

釈　私はしばしば、今の若い人は宗教的なセンスがいいなあ、と感じるのですが、内田先生はどう思われますか？

内田　あると思いますよ。若い人はけっこう自由な宗教的感受性を持っていると思います。

国と引き離してもなお成り立つ神道とは何か

釈　ほら、もっと上の世代は、もう少し宗教に対して嫌悪感や警戒感がありましたでしょう。我々が幼いときには、まだ国家神道批判の余韻がありましたよね。

内田　そうだと思います。僕が子どもの頃の東京都内の神社は本当に荒れ果てていた。たぶん戦前戦中はけっこう立派だったのでしょうが、敗戦と同時に氏子たちが神社への帰属感を失ってしまった。氏子の支えがないと神社は持ちませんから。

釈　はい。もちろん熱心な神社神道の地域もあったのですが、日本社会で神道を避ける感覚が一時期ありました。そして、その後、次第に神道を再評価する機運が起こります。「日本の心」や「伝統」といった文脈でも出ますし、「一神教と違って、自然を壊したり、争いを起こしたりしない」などの文脈でも出てきます。やがて危険視するムードがなくなっていきました。

内田　僕は神社の再興プロセスをリアルタイムで見てきた世代なんです。僕の家は神社の借地だったので、境内の中にあったんですけれども、僕が小さい頃は本当にさびれていた。それでも、五〇年代の終わりくらいにようやく夏祭りが再開して、小さな神輿を作って、神楽殿で神楽が演じられるようになった。たぶんそれまでは氏子さんたちも、自分たちが食うのに精一杯で、お祭りどころじゃなかったという事情もあるんだと思います。ようやく敗戦後十年以上経って、神社が神社らしくなった。それまでは地域住民に対して宗教的な求心力を発揮できなかった。これは歴史的事実だと思います。

釈　神道の原型には、「地域コミュニティをつなぐ役目」を担う信仰が、大きな領域を占めています。もともとは各地それぞれにあった信仰を、中央集権的にうまくまとめたという面もあります。つまり共同体を機能させる性格を持った宗教なので、共同体の動向によって伸縮自在的なところを持っています。戦後のように批判が厳しいときは、じっとしていて、再評価されたり、国体や愛国を考えるようになれば、また大きくなるといった様相が見受けられます。

そういう意味では、やはり宗教は取扱注意案件と言えそうです。不当に貶められるのも、もちろん間違っています。また、宗教が持っているアーカイブ能力によって保持されている思想や文化もたくさんあります。しかし、宗教に対して畏れ敬う気持ちが薄くなり、うまく活用できる気になってしまうと……。

内田　そうですね。神社に行って自民党の議員のポスターが貼ってあるのを見ると、そういうことをしてはいけないと思うんです。神社は、そういう世俗的なことから距離を置いていなければいけない。でも、ある時期から、平然とそういうことが起こるようになった。神社がその節度を失って世俗化すると、また人が離れてゆくかもしれません。

釈　ときどき神職の方たちや神道研究者たちとお話しさせていただくのですが、やはり主要な神道は、そもそも国とともに展開してきたので、国ときっちりと分離できない、という面があるようです。本質的にそういう宗教なんだと考える人がおられますね。

ただ、現代の我々の社会制度・システムにおいては、宗教法人として自立せねばならないわけです。言葉は悪いですけど、国と共依存関係になってはいけない。我々の社会が、宗教国家ではなく、世俗国家であろうとするかぎり、ここははずせません。この点は、神道がずっと抱えている課題でもあろうかと思います。

国と離れてもなお成り立つ神道の本質とは何か。無駄なものを削いで削いで、それでも残るものは何か。そのような取り組みは、神道自身が神道の本質へと肉迫することになります。そういった議論がたくさん出てくればいいなと思うんです。

内田　神道サイドからそういう発言をされている方って、僕は知らないんです。神道はいかにあるべきかという宗教的な問題をみんなでオープンに議論しようという問題提起をする人って、いるんでしょうか。

釈　いるとしても、多くはなさそうです。神道サイドに立って発言する人は、どうしても宗教右派的なタイプが目立ってしまいます。でも、もっと多様な議論がこれから出てくるにちがいないと期待しているんです。

内田　若い人による神道ルネッサンスがあるといいですね。

今こそ、政教分離を考える

釈　今回の元首相殺害事件で浮上した課題に、カルト二世問題もあれば、政教分離問題もあります。やはりこれを機にしっかり政教分離について考察を深めるべきだと思います。安易に宗教教団に選挙協力をしてもらったり、組織票をあてにする政治家をどう考えるか。公明党と創価学会との問題ももっと議論が必要でしょう。

創価学会自体は社会参加型仏教として、注目すべき教団だと思います。ただ、世界の民主国家を見ても、たとえば同じ志をもつクリスチャン同士やムスリム同士が政党を作って政治活動することはあっても、ひとつの教団が政党を作って、それが与党である、という事態は極めて稀であると言えます。日本独特の状況です。一応、政教分離の原則にのっとって、公明党と創価学会は別の団体として分けられてはいるものの、緊密な関係にあることは間違いありません。

しかし、今回問題になった旧統一教会は、それどころじゃなくて、悪質商法や信者搾取や家族崩壊など、反社会的教団ですからね。そこから支援や献金やお手伝いをしてもらっていたわけですよ。

内田　自民党の側には旧統一教会との癒着を正当化するロジックはないと思います。一応「関係は断つ」と言っていますけれど、勝共連合の創設まで遡って、問題をえぐり出すという姿勢はまったくない。世間がこの問題を忘れるのをひたすら願っている。でも、これは決してなし崩しにしてよい話じゃありません。

釈　戦後、政教分離問題を担当したGHQの宗教課のメンバー（唯一の知日派であるウッダード）が、「いくらなんでも無理じゃないか」と感じるほど、徹底した宗教の排除をめざしたところから始まって、何度かの揺り戻しを経て、次第に緩み、なし崩し的になっている。それもこれも、きちんと政治と宗教の問題に向き合わずに、議論を深めていかなかったからです。

今回は、初めて宗教法人への質問権行使ということになりました。また、被害者救済法もできました。フランスの反セクト法に倣《なら》って、反カルト法みたいなものを作る意見もあります。

本当は、法律規制はできるだけ少ないほうが、望ましいのですが。倫理観が高ければ法律が少なくてすむけど、そうじゃなければ法規制になってしまいますよね。

内田　でもやっぱり法律ではなく、高い倫理観で抑制してゆくというやり方のほうを諦めてはいけないと思います。でも、倫理ということになると、それはやっぱり個人の問題ですからね。もし社会的にできることがあるとしたら、高い倫理的な規範を以て自分を律して生きている人のほうが、楽しく、豊かな人生を送っているというロールモデルを示すしかないと思うんです。処罰で脅して強制することはできない。「倫理的な人間になりたい」と自発的に思ってもらうしかない。

ロールモデルがロールモデルとして機能するのは、そういう生き方をしたほうが楽しそうだし、ものごとの判断が適切であり、ふるまいに筋目が通っていて、何より機嫌がいいということが大切だと思うんです。子どもを大人にするためには、「大人になると楽しそうだ」と思ってもらうしかない。

この前、桂二葉《によう》さんの芸について書いてほしいと頼まれて書いたことなんですけれど、二葉さんは人間として一本芯が通っている。体幹が強い。構造がしっかりしているから、細部では自由に遊べる。逸脱したり暴走したりできる。だから実は筋目の通った生き方をしたほうがはるかに自由なんです。そういうことを子どもたちがわかってくれるといいんですけどね。

釈　そうですね。人間はいつの世も宗教的営みを続けていきます。そしてこの宗教というのはとても扱いが難しい。簡単な公式も答えもありません。だからこそ語り合い続け、学び続けるのでして。問題は宗教について語ったり学んだりする機会が、我々の社会は極端に少ないということですね。

第五章

戦後日本の宗教のクセ

1　敗戦後の霊的空隙を埋めたものたち

国家神道の没落と創価学会の急成長

釈　内田先生は、戦後日本の宗教事情というと、どういうものを連想されますか？　やはり創価学会が思い浮かぶでしょうか。

内田　そうですね。戦後の宗教的にインパクトがある出来事というと、まず創価学会かもしれないですね。「折伏《しゃくぶく》」というのが、僕らの子どもの頃はよくありまして。近所の創価学会の学会員の人たちが連日のようにやってきて、父母に入信を勧める光景を見たことがありました。

釈　とにかく、戦後、日本最大の教団にまでなり、今や政権与党を支える教団です。創価学会は、高度成長期に都市へと流入した人々の受け皿となってきた面があります。ですから弱者の連帯も生み出し、生活向上や社会福祉にも力を入れてきた。また、新宗教をリードしてきた立正佼成会なども含めて、いずれも宗教左派と言いますか、リベラルな性格を持っていました。戦後に急拡大した教団は、人権、平和、国際間対話などに力を入れていたと思います。

それが、その次の時期に大きくなる教団、私はポスト新宗教と呼んでいますが、たとえば、幸福の科学などは宗教右派的性格が強い。今の日本の宗教右派系教団は、反創価学会みたいなポジションじゃないかと思います。巨大教団へのカウンターです。オウム真理教も創価学会批判を繰り返していました。

内田　僕は創価学会が急成長して、学会員数が急増した時期に子ども時代を過ごした世代なので、今になって思うと、あのときの学会の急成長には国家神道の没落がかかわっているような気がするんです。前回、政教分離の回でも話しましたが、僕が子どもの頃、一九五〇年代の東京の神社って、ほんとに荒れ果てていたんです。参拝する人もいないし、お祭りもないし、結婚式もないし。うちは六所神社の地所を借りていたのですが、僕はその神社に初詣した記憶がありません。神主さんがいたはずなんですけど、社務所はボロボロでした。本殿の床下に浮浪者が住みついていたこともあったし、子どもたちはよくその床下でかくれんぼしてました。

釈　そんなに地域の神社が荒れてたんですか。

内田　これも前に話しましたが、下丸子の駅までは六所神社を突っ切って行くと近道なんですけれど、父親が境内を通ってゆくのを僕は一度も見たことがないんですよ。遠回りしてでも神社を避けて駅に向かった。その当時は子どもですから、なんとも思いませんでしたけれど、今思うとあれは戦中派の人たちの国家神道に対する拒否感、嫌悪感の現われだったんじゃないかなという気がします。

戦前・戦中にわたって、日本人の宗教性の真ん中には国家神道がどんと座っていたわけですからね。それが敗戦によって一夜にしてその威光を失ってしまった。そこに巨大な宗教的、霊的な空隙《くうげき》ができた。今お話を聞いていると、あのときに創価学会の人たちが熱狂的に折伏活動をしてまわっていたのは、その宗教的な隙間を何かが埋めなきゃいけないという、ある種の使命感に駆られてのことではないかという気がします。

釈　なるほど。先生と私とは十一歳差ですけど、それでも私の幼いときなどは「かつて神道が戦争に大きく寄与した」みたいなムードはまだ残っていました。実際には仏教各派も戦争協力したのですが。

しかし、やがて「神道再評価」と言いましょうか、地域コミュニティにとって必要なものだといった雰囲気に変わってきました。

内田　そうですよね。神社は鎮守《ちんじゅ》の杜《もり》として久しく村落共同体の地縁結合の核だったわけですよね。だから、戦後の宗教的な空隙が続いていたあと「やっぱり共同体の霊的中心というものがないとまずいんじゃないか」と人々が思い出したときに、とりあえず一番手近にあったのが神社だった。それがどういうふうに地縁共同体を統合するかについては何百年分かのノウハウがありますからね。そういう宗教的な飢餓感を足がかりにして神社は甦《よみがえ》ったんじゃないかな。

代替宗教としての「友の会」や「共産党」

釈　そうですね。先ほども言いましたが、地域コミュニティから切り離された人たちの都市への流入を支えたのが、創価学会タイプの宗教だったのだと思います。地縁血縁から離れて暮らす人たちにとっての、新しいつながり、ある種の信仰共同体。互いに助け合う。仕事も融通し合う。集い、語り合う。苦しい生活や寂しい都市生活を支えるための教団として機能した面があった。

内田　「都市宗教」だったというわけですね。

釈　はい。その意味では、良くも悪くも近代の申し子といった印象があります。まずは生活を豊かにする、暮らしを豊かにする。それをめざす。教団コミュニティを活用して、みんなで豊かになっていこうとする。高度成長の図式にピタリとはまるようなタイプの宗教です。

内田 なるほど。うちの母親はその頃、「友の会」というのに入っていて、これを地域の人たちとずいぶん熱心にやっていました。あれも今思うと一種の代替宗教だったのかもしれませんね。

釈 代替宗教とは面白いです。つまり宗教教団的共同体は、宗教にかぎらずあるわけですね。

内田 あと、僕が生まれ育った下丸子というところはすごく共産党が強いところだったようです。だから、共産党の細胞（政党の基礎組織）が中心になって、同人誌を出したり、音楽や演劇の文化活動をしたりということをやっていました。一九五〇年代の共産主義の運動も地域に根ざしていたんですよね。一九四五年から六〇年くらいまでは、もう一度地域コミュニティを再生するために何が核になるべきかと、いろいろな組織や運動が競合していたんでしょうね。

釈 そうですね。かつての地域コミュニティというのは、地縁・血縁・職縁の理屈で動いていました。だから、すごく排他的なところもあれば、差別的なところもあった。そこから離れて、新しいタイプのコミュニティを作る場合、何を核にすればいいのか。それが、ヒューマニズムだったり、平和主義だったり、人権思想だったりしたのではないですか。

内田　それは全部に共通していましたよね。

釈　はい、自分が受けた印象としては、社会の大半がその方向へ進むべきと考えていたように思います。そして、社会はこのままずっと進歩し続ける、我々はずっと豊かになり続ける、そんな信仰がありました。

そこからいえば、創価学会タイプの教団は、ある程度みんなが豊かになると規模がだんだん小さくなったり、分派するのがだいたいのパターンです。ただ、創価学会は、そこから今度は公明党や選挙による結びつきといった別フェーズの紐帯《ちゅうたい》へと移行しました。これはおそらく他に類例がないのではないでしょうか。

戦中派の重石が取れてスピリチュアルが盛り返した八〇年代

釈　一九八〇年代くらいから、これまでの高度成長の図式にはまるタイプの教団ではなくて、別モデルの教団が教線を拡大します。個々人のスピリチュアリティに向き合うタイプです。アメリカのニューエイジ・ムーブメントの影響も大きかったです。オカルティックなものとか、神秘体験とか、超心理学とか、臨死体験とか。疑似科学的な宗教がブワーッと……。

内田 それは八〇年代からですか。

釈 はい、顕著なのは八〇年代なんです。先生の印象では七〇年代ですか？

内田 父親のことを繰り返し出してきて申し訳ないんですけど、父は典型的な戦中派でしたから、骨の髄までスピリチュアルが嫌いなんです。戦前・戦中の国家神道って、かなりオカルトだったわけですよね。オカルト的なものが現実の政治権力や軍事力や経済力と結託して力を持っていた時代を、父の世代は二十代・三十代で経験した。それに対する嫌悪感があるので。だって、うちの父親は僕がSFを読むことでさえ怒っていましたから（笑）。「荒唐無稽《こうとうむけい》」と一刀両断されました。

釈 そこまでアレルギー反応が……（笑）。しかし、国家神道がオカルト的であったということを体感した人たちがそのうち誰もいなくなっちゃいますので、これは今のうちにしっかりと教えていただきたいです。

内田 僕にとって印象的なのは、その父親と養老孟司先生と合気道の多田宏先生なんです。それぞれ少し年齢が違って、戦争が終わったときにうちの父親は三十三歳、養老先生は八歳かな。多田先生は十六歳。その人たちが、戦争を経験した後に向かったところが科学なんですよね。それから養老先生と多田先生は、信用できるものが「身体」。脳はあんまり信用できないと。

釈　なるほど、そこへつながるのか。

内田　自分の傍らにある「身体という自然」を科学的に探究していくということが一番足元が確かだ、と。一九七〇年代までは、ジャーナリズムも学者の世界も政治の世界も、第一線に、そういう「科学的な」人たちがいたわけです。それが八〇年代くらいから次第に少なくなってゆく。そうすると、オカルトが出てくる。オカルトに対するニーズというのはいつの時代だってあるわけですが、それまで過剰に抑圧されていたオカルトやスピリチュアルに対する重石が取れた。

釈　たしかにひと昔前は、無宗教を標榜することこそが知性の証、みたいな人が多かったと思います。テレビや雑誌などでもそんな感じでした。ところが、今おっしゃったように過剰に抑圧された次の時期にはどっと宗教的なものが出てきたわけです。

内田　抑圧されたものは症状として回帰してくるんです。

釈　だから、結局、うまく付き合うというのが大事で、排除しても無くならないし、過剰になっても具合が悪い。

一九八〇年代の精神世界ブームあたりで、現代人の宗教への態度において、道具的、情報化、無地域化、個人化といった特徴が露わになってきました。道具化とは、自分が抱えている苦しみに合う宗教の教えはないかと探して活用する。ちょうど道具箱から道具を探すような態度です。

本来、宗教というのは練り上げられた体系があるので、コツコツとその体系をたどっていかないと、危ないところや副作用が多いんです。でも現代人は、つまみ食い的に、自分の都合に合ったものを使う、そんな宗教との付き合い方が顕著になってきたと思います。

内田 いくつかの宗教から「いいとこどり」するのは宗教的な深みに達するにはまったく向いていない方法なんですけれども、宗教の持っている危険から身を守るという点でいうと、それはそれでひとつのやり方かなという気もしますね。

日本宗教の大きなクセ「古いものものずっと残る」

釈 これまで日本宗教のクセについて考えてきたのですが、クセと言いますか、ひとつ大きな特徴として「古いものもずっと残る」ということがあると思うんですよ。

世界を見渡しますと、たとえば仏教でいうと、密教が勃興すると、それ以前の仏教が密教に追いやられてしまって密教一色になったりします。南方のほうでも、かつては大乗仏教各派があったのですが、今はほぼ上座部《じょうざぶ》仏教が占めています。あるいは、ご存じのようにキリスト教文化圏だと、もともとあった土俗宗教はなくなっていくんです。

でも日本は、ひとつの宗教がものすごく拡大して力を持っても、今までのものも消えずにある。仏教で言いますと、中観派も唯識《ゆいしき》も密教も念仏も禅も、途切れずに続いています。今はチベット仏教も上座部仏教もあります。ほとんど揃っている(笑)。その気になれば、仏教の各流れに触れることができる状況というのは、かなり珍しいです。

内田 たしかにそうですよね。

釈 キリスト教文化も、ものすごく時間はかかっていますけれど、確実に土着していますし、道教は陰陽道という日本風のものを生み出し、山の宗教と密教が合わさって修験道という独特のものを生み出しています。海洋民の信仰も、ずっと途切れずに残っています。

内田 これは日本宗教のクセと言えるのではないでしょうか。

岡倉天心もそれと同じことを言ってましたよね。インドのもの、中国のもの、インドシナのもの、日本にやってきたものというのは、原産地では消えてしまったのに、日本には残っていると。

釈 雅楽・舞楽もそうなんですよ。本家はなくなっているのに、日本には残っている。

内田 日本列島はユーラシア大陸の東の端ですから、ここを過ぎたらあとは海に行くしかない。だから、とりあえずここに来たものはどんどんアーカイブされた。僕は『日本辺境論』でそう書いたんですけれども。

釈　はい、『日本辺境論』を読んだときは、いろいろ謎が解けた思いでした。

そもそも宗教は、シリアスに突き詰めれば、どうしても譲れない一線へと行きついてしまいます。ですから、異宗教同士が共存する場合などは、案件を棚上げにしたり、課題を先送りにしたりして、押したり引いたりのやり取りが必要なんですよね。それは日本列島へやってきた人たちが、大切にしてきた態度かもしれないです。

内田　そうですね。これも養老先生からうかがったことなんですけど、現代日本人のDNAには三種類の別の集団のものが混じっているそうなんです。大陸から来たのと、半島から来たのと、南方からのと、かな。日本列島への集団的な移住の波は三回あった。ふつうなら後からやってきた集団と先住民が戦って、どちらかを殲滅したり、負けたほうは奴隷にされたり、あるいは遠くへ逃げたりするわけですけれども、日本列島の場合は、三つのDNAが混ざった。ということは一緒に暮らしたということですよね。言語も人種も宗教も生活文化も違う集団が出会ったけれど、それが暴力的な対立関係にならずに、なんとなく共生して、そのうち血が混じり合った。それって日本列島民のひとつの生存戦略だったたんじゃないかなと思うんです。

釈　このことは、我々の文化を読み解くのに必要な視点だと思います。日本の祖霊信仰などでも、いろいろ混在していますから。

まず、亡くなってすぐは、まだまだ霊魂が荒々しくエネルギッシュなので「荒御魂《あらみたま》」と呼んだりします。そして、みんなが祭祀を続けると、今度は「和御魂《にぎみたま》」と呼ぶ。柔和になるんですね。それを三十三年から五十年ほど祀り続けたら、ついには「祖霊」になる。祖霊は、霊の集合体みたいなもので、もう個人は無い。などといった信仰があるんです。

それで、「荒御魂」は南方モンゴロイドの信仰らしいんです。そして「和御魂」は北方モンゴロイドの信仰、「祖霊」は中国南部あたりの信仰が起源だそうです。

内田　やっぱり混ぜちゃったわけですね。

釈　だから我々の来世観や霊魂観って、ごちゃ混ぜなので、スッキリとしていないんですよ。「え、お盆に帰ってくるの？　仏教だから輪廻するんじゃないの？」みたいな（笑）。

内田　ははは（笑）。ほんとですよね！　お盆に帰ってきちゃおかしいですよね。輪廻転生なのに……。

釈　仏教界もなかなかうまく説明できなかったりして（笑）。とにかく、ひとつやふたつの宗教で説明できないということです。めちゃめちゃ混然としているけれども、どれも捨てずに続ける。

内田　折り合いをつけて、「ここはひとつナカ取って」と両方の顔を立てながら。

常に日常生活に足を置いているほうが尊いという感性

釈　あともうひとつの特徴として挙げたいのが、「聖なる世界に行ってしまわずに、常に日常生活に足を置いているほうが尊い」という宗教的感性があると思うんです。そのほうが日本人の宗教心にピッタリくるという。

内田　そうですね。それも日本独特なんですかね。

釈　日本以外にもあるでしょうし、世俗社会の価値観でもあると思いますが。ただ、日本ではかなり古い時代からこの路線だと思うんです。他の文化圏だと、世俗を捨てたほうが尊い、となりがちなわけで。インドでもキリスト教文化圏でも、そんな傾向を見て取ることができます。でも、日本は世俗の中の宗教性を重要視する。たとえば、世界中の仏教で、お坊さんが結婚して家庭生活を営んでいるのは日本だけですから。

内田　あら、そうなんですか。

釈　一応、ネパール仏教や韓国仏教の中に、僧侶が家庭を持つ宗派はあります。また、チベット仏教の一部の密教僧も結婚する話を聞いたことがあります。しかし、日本仏教の僧侶はほとんどが結婚して家族を持ちます。これは他に見られない、ザ・日本仏教とでも言うべき形態です。

この形態になったのは、「そもそも日本仏教の出だしが国家管理されていたこともあり、本来のサンガにならなかった」「一定の修行期間を終えると里坊で暮らす」「在家仏教の発達」「明治期に僧侶の婚姻が認められた」などの諸事情があるのですが、それだけではなく、家庭生活を営むことと宗教性や聖性が融合していて分離していない、といった宗教性の傾向もあると思うんです。

そこに由来する現象はいろいろありますが、たとえば家の中にお仏壇や神棚があるといった様式などもそのひとつかもしれません。戦後にGHQが来て、それを見て大変驚いたそうです。「日本人は全家庭にホームチャペルを持っている」とか(笑)。

内田　僕は合気道という武道をやっているわけですけれど、多田先生がよく言われるのが「道場は楽屋だ」ということです。楽屋である道場から一歩出たところ、そこが本番の舞台だ、と。

釈　それは実に味わい深い言葉です。

内田　人を投げたり固めたりという技の稽古を僕たちはしているわけですけれども、別にそれは実際に使うためにやっているわけじゃない。稽古を通じて、生きる知恵と力を高めるというのが目標なんです。だから、学者には学者の合気道があり、芸術家には芸術家の合気道がある。道場で稽古して会得したことを自分の現実生活で活かしていく。それが合気道だ、と。これは開祖植芝盛平《うえしばもりへい》先生のときからずっと言われてきたことだそうです。

道場は楽屋であり、実験室であるわけですから、そこではどんな実験をしてもかまわない。自分で好きなことやっていい。ひとりひとりが自分で仮説を立てて、それを道場で実験して、仮説の適否を検証して、仮説を書き換える……ということを毎日繰り返す。その点では自然科学と同じなんです。そして、道場を出たら、道場で会得した生きる知恵と力を用いて、それぞれの社会的な活動、市民生活、家庭生活を豊かに生きる。合気道はそういう教え方をします。

僕は合気道を四十七年稽古してますけれど、この考え方が本当に好きなんです。でも、今お話を聞いてたら、これって日本人の宗教性そのまんまなんですね（笑）。

溜めて溜めてゴロッと変わる

釈　先ほど少しお話ししましたが、お坊さんが表立ってふつうに結婚して家庭を持つようになったのは、明治政府になってからです。浄土真宗だけは、最初から在家仏教ですから、家庭生活を営むという流れにあったのですが、それ以外の宗派も明治以降は出家形態が崩れます。これについてはちょっと考えてみたい論点があります。
政府が結婚を許可したら、バーッと今みたいなかたちになったわけです。それは、内田先生が『日本習合論』で書かれた、神仏分離になったらみんなが従ってしまったのはなぜだろう、というところともつながるような気がするんです。
つまり宗教風土も含めた宗教シーンの流れが、宗教政策によって一気にできちゃう、ここも日本宗教のクセとしてあるんじゃないかなと。
内田 それは、政治権力がまっすぐ生活者のところにいってしまうということかもしれませんね。ふつうに生活して、仕事して、ご飯を食べて、家族と暮らしている現場にダイレクトに政治権力が入り込んでゆく。国の宗教政策が宗教そのものではなくて、生身の宗教「者」に向かう。
釈 あ、なるほど。そうかもしれません。宗教自体はそのままどれも続いていくけど、宗教者・信者はあっさり変わっちゃう場合があるのかも。
内田 リアルな生活者だと、明日の飯が食えなくなると思うと、宗教のことなんてあまり細かく言ってられなくなるんじゃないかな。
釈 先ほど話に出ていた「どれも途切れずにずっと融合を繰り返して残ってきた」という

面と、ずっと底流していたのがゴロッと一気にひっくり返るという面と、二つの面があるんですね。先生が昔からおっしゃられる「総長賭博現象」ですね（笑）。知らない方はお調べください。

内田　ははは（笑）。でも、読者の方に気の毒だからちょっと説明しますね。『博奕打ち総長賭博』は三島由紀夫が「ギリシャ神話のようだ」と絶賛した東映やくざ映画の金字塔です。ワルモノやくざの理不尽な要求に黙って耐えに耐えてきた筋目の通った極道（鶴田浩二）が、最後の最後に我慢の限界にきて、悪いやつらを皆殺しにしてしまうという話なんです。最初のほうの、まだそこまで話が煮詰まらない段階で「それはダメです」ときっぱり断っておけば、それですんだかもしれない話を、理不尽と思いつつ黙って受け入れてしまったせいで最後は惨劇になる。この構成は高倉健の『昭和残侠伝』も同じです。理不尽にじっと耐えて耐えて耐え抜いて、最後に我慢の限界がきて、登場人物ほぼ全員が死ぬというカタストロフを迎える。この話型が日本人はほんとに好きなんですよね。

釈　日本人の宗教性って、どこか忠臣蔵っぽい。辛抱して辛抱してブチ切れる、溜めて溜めてゴロッと変わる。これもひとつ、クセとして押さえておくべきポイントかなと思います。

内田　ですね。「それはことの筋目が違うでしょう」と内心では思いながら、その場の親密性や調和を優先して、理不尽な要求を受け入れてしまう。でも、ある時点で受忍限度を超えて、いきなり形相を変えて、ちゃぶ台をひっくり返して、すべてをぶち壊しにする……これって、なんなんでしょうね。日本人て、トラブルを微調整しながら、段階的にものごとを整えてゆくというやり方が苦手なんでしょうか。

日本の近世・近代に生まれた新宗教について

釈　幕末から第二次世界大戦後あたりまでの期間に発達した教団を新宗教って呼ぶんですよ。金光教や天理教などの教派神道系や、霊友会や立正佼成会や創価学会などの法華系が目につきます。大本のように強く弾圧された教団もあります。このあたりはどう見ておられるでしょうか。

内田　大本教はもうかなり教勢が衰えましたけれど、他のたとえば天理教とかはどうなんですか?

釈　なにしろ天理市という教団名がついた市があるくらいですから、よく知られた新宗教です。天理教も、もう伝統教団化しているといった印象です。ですから、だんだんと勢力は小さくなる方向へと進んでいますね。

内田　でも、大本を淵源とする宗教的活動って、たくさんあるんじゃないですか。日本人の五人に一人は大本教の関係者と言われていますし（笑）。そもそも開祖植芝盛平先生が出口王仁三郎《おにさぶろう》の弟子ですから、合気道家は全員大本教の流れを汲むわけですよね。天理教の場合、そこから分かれて、別のかたちのものになったという例はあるんですか？

釈　天理教は大きな分裂はなかったと思います。教団の分裂で言えば、霊友会が注目です。そこから立正佼成会が生まれ、佛所護念会や妙智會や妙道会など、数多くの教団に分かれています。もし霊友会が分派せずに一致団結したままなら、日本最大の教団になったことでしょう。

内田　そうなんですか。いつ頃成立した教団ですか。

釈　大正時代の後半です。在家仏教教団タイプの新宗教としては先駆的存在だと思います。

内田　大本教は二次にわたる弾圧がなければ、もっと教勢は大きかったかもしれないですね。

釈　はい。特に第二次大本事件では、教団施設も破壊されるなど、壊滅的なダメージでした。しかし、大本の与えた影響は大きいです。現代日本のスピリチュアリズムの草分け的存在・浅野和三郎も大本です。なにより、出口王仁三郎は日本スピリチュアル界の巨人・怪人です。影響力たるや大変なものですよね。今のポスト新宗教の大半が影響を受けていますよね。ポスト新宗教で言うと、世界救世教や真光などの手かざし系や、生長の家なども大本に多大な影響を受けています。

とにかく、新しい宗教教団を評価したり、研究したりするのはなかなか難しいです。宗教教団は、長い時間をかけて見ていかねばならないものですから。

我々が学生だった頃は、宗教学の授業で「何百年続いた教団も、昨日今日できた教団も、偏見を持たずパラレルに見るようにしろ」と、先生が教えていました。ですから、できるだけバイアスをかけずにその教団を見るトレーニングを受けたんです。

でも、一九九五年にオウム真理教事件で、著名な宗教学者たちが、ある意味足元を掬われてしまいました。オウム真理教教団を上っ面だけ見たら、なかなかすごい宗教に思えて、高く評価した人がいた。そこで、宗教研究も単に宗教現象を観察・記述するだけじゃダメで、「自分自身の宗教観や信仰心はどうなんだ」といった問いがなければいけないという議論が起こりました。オウム真理教事件は、宗教研究のあり方も変えたと言えます。

何しろ宗教の場合は、どんなに奇異であっても、どんなに変てこであっても、それで救われる人がいたりします。どれほど愚かに見えても、信仰の自由は認められねばなりません。そして、宗教は聖性や非日常といった領域を持っていますので、簡単に日常を破壊する力があります。でも、反社会的活動や犯罪や差別や虐待を、我々の社会は認めるわけにはいきません。

今日の前半の話にあったように、日常にしっかりと足をつけて、かつ宗教性や聖性を発揮させていく、あるいは俗と聖とを往還する、そんなことを考えていきたいと思っています。

内田　なるほど。そうですね。

2 「宗教的センス」の養い方

子どもの宗教性を涵養する一歩目は、恐怖譚

釈 もうひとつ、現代の宗教場面について考えたいことがあります。それは、今の若い世代の宗教的なセンスについてです。これは調査結果のデータに出ているんですが、若い世代ほど生まれ変わりとか来世を信じているんです。

内田 へえ、そうなんですか！

釈 そうなんです。中高年で信じている人は八～一六パーセントくらいなのですが、若年層は二一パーセントとかになります。あと、奇跡や占いを信じている人も、中高年層より若年層のほうが多いです。

これはいったいどこからきているんだろうと考えると、サブカルチャーの影響ではないかと。若い世代の宗教性はサブカルチャーで鍛えられ養われているんじゃないでしょうか。

かつてはその地域地域の土着的宗教性によって、自分の宗教性が育ったわけです。でもそういう地域の宗教性はどんどんなくなっています。その代わりの役目を果たしているのが、ゲームとかアニメといったサブカルチャーだという印象をもっているのですが、先生はどう思いますか？

内田　子どもたちの宗教性を涵養《かんよう》していくのに太古から一番活用されていたのは、たぶん恐怖譚《たん》だと思うんですね。怖い話。昔から、ストーリーテラーのおじさんが子どもたちを焚き火の周りに集めて、いろんな話をしてきた。子どもたちに神様の話をしたってなかなか理解されないから、まずは怖い話から。

釈　たしかに。僕が子どものときにも、昼に公園に子どもを集めて怖い話をするおじさんがいました……。あの人、今から考えたら仕事は何をしてたんやと思うんですけど。また話がうまいんですよ。聞いたらその晩からトイレに行けなくなるんです。

内田　一番怖い恐怖譚というのは恐怖を与えた実態が何なのか結局わからないという話ですね。

これ、前も話しましたけれど、「幽霊」のことをフランス語ではrevenant（ルヴナン）と言います。「戻ってくるもの」という意味なんです。死者の霊は自分たちの世界から決定的に排除することはできない。たとえ一度は「境界線の向こう」に押し戻しても、何かあるとまた戻ってくる。でも、そういう「戻ってくるもの」と応接する伝統的な作法がある。その作法に従って、「それ」をそっと押し戻せば、大きな被害をなさずにお引き取り願える。恐怖譚て、だいたいそういう話なんです。境界線を越えて人間の世界に侵入してくるものがいる。うかつに扱うと大変な災いが起きる。でも、先祖から伝えられた呪鎮の作法を守れば、それは境界線の向こうに戻ってくれる。それで話は終わるわけではなく、またいつか戻ってくる。

こういう物語を通じて子どもたちは「超越」とか「外部」とか「他者」というものについての基本的な概念を獲得してゆくんだと思います。「世の中には人知を超えた〈恐るべきもの〉が存在する」「それが到来すると、さまざまな災いをなす」「でも、ある種の作法を守ると、一時的にお引き取り願うことだけはできる」。それが恐怖譚の基本的な構成です。これって、ある意味で初歩的な宗教教育だと思うんです。小説や映画や漫画やアニメやあるいはゲームというかたちを通じて、恐怖譚は同じ話型を繰り返しています。これは発生的にはやはり「宗教的なもの」と言ってよいと思います。

釈　恐怖譚が初期宗教教育であることは、幼い頃から実感しておりました。また多くの人が共感すると思います。

以前の対談で、境界のそばまで歩いていく歩みそのものが宗教性や宗教心だ、というお話をしたと思うんですけれども、怪談をしているおじさんというのは、手を引っ張って無理くりに境界へと連れて行こうとする人だったんですね（笑）。そう言えば、水木しげるってそういう人ですよね。

内田　ほんとにそうですね。

釈　日本の漫画界は、手塚治虫以降、描き手と読み手がほぼ同年代というのが大きな特徴です。初期の少女漫画に至っては、十六〜十七歳くらいでデビューして、大ヒットを飛ばしています。他の国では、大人が子どもに読ませるために漫画を描くという図式だったのに対して、日本だけは作り手と受け手の共犯関係で急速な発展を遂げました。

その中にあって、水木しげるは、大人が子どもに境界への行き方を教えているみたいな感じなんです。小学生低学年の頃に、サンデーやマガジンを読んでいると、水木しげるのページだけ、なんかぜんぜん雰囲気が違うんです。

内田　たしかに一人だけ年齢が違いましたね。実際に兵隊として戦争に行ってきた漫画家って、僕は水木しげるくらいしか知らないです。手塚治虫だって、終戦のとき、まだ学生ですよね。

釈　そうなんです。一人だけ、大人が子どもに向かって描いているんです。そして、「人知を超えたものに不用意に近づいたらひどい目に遭う」とか、異界との付き合い方、その作法を教えてくれるような漫画家さんでした。

内田　そうでしたね。本当にそうだ。子どもたちに恐怖譚を通じて宗教的な奥行きを教えてくれた人でした。

集団全体としての宗教性の絶対量は変わらない

釈　現状を見ますと、たとえばありがちな恋愛ストーリーに、「生まれ変わり」という要素を組み込むだけで一気に奥行きが出る、といったやり方がありますよね。深読みする喜びをわざと与えるといいますか。そのほうが受け手は喜ぶことを、作り手の側がわかっている。宗教的要素や神話的要素を盛り込んでいるのは、よく見かけます。

内田　たしかに、韓流ドラマは「生まれ変わり」の話が多いです！

釈　えっ、そうなんですか。それって、韓国の霊魂観とか来世観が出てくるんですか？さっそくチェックしないと（笑）。

生まれ変わりを組み込むことによって、与える印象というか、ドラマ全体のテイストへはどういう影響が……。

内田　僕はぜんぜん韓国の宗教事情に詳しくないんですけど……、生まれ変わりというのは韓流ドラマで例外的に宗教的な部分かもしれません。何か前世でやり残したことがある人が生まれ変わるんです。ふつうに日常会話をしていて、仕事をしていて、恋愛なんかもするんですけれど、「生まれ変わりの人」って微妙に非現実的なんです。そういう人が出てきて、世俗の価値観を「ずらす」んです。「脱臼《だっきゅう》」させてしまう。それを観ているうちに「死とは何なんだろう」「時間とは何なんだろう」というような根源的なことをつい考えてしまう。だから本当に「仕掛け」なんですよね。あれも一種の宗教教育なんでしょうね。

釈　う〜ん、そうなんですか。興味深いなあ。

そんなわけで、私は「上の世代よりも、若い世代のほうが、宗教的な話もよく通じるし、感性もいい」みたいに感じます。

内田　なるほど。そのときどきの歴史的な環境によって、人の宗教的感性って変わりますよね。たとえば仮に今宗教的感性が豊かな世代が育っていたとしても、何か大きな宗教的な事件があると、その反動でまたその次には非宗教的な世代が出てくるかもしれない。

釈　ええ、わかります。

内田　あっち行ったりこっち行ったりするものだと思うんです、ある集団の宗教性というのは。それでも、集団全体としての「宗教性の絶対量」は変わらないと思います。宗教というかたちをとらなくても、何か別のものに姿を変えて生き延びる。恐怖譚はどんな時代でも絶対生き延びますからね。

釈 そうか、そう考えると、世代すべてを合算した社会全体の宗教性の総和は、長い間あまり変わっていないのかもしれないですね。

それにしても、恐怖譚というのはある種のカタルシスをもたらしますね。怖いもの見たさと言いますか、独特の魅力もあります。それらは人間が本質的に持っている部分ということなんでしょうか。

内田 恐怖譚のカウンターにあるのが自然科学ですよね。この世に起きるすべての出来事はたとえランダムに生起しているように見えても、実は数理的な美しい法則によって貫かれている。そして、その法則は人間知性によって、やがてその全容を明らかにするだろう……というのが自然科学を支える心性ですよね。

恐怖譚はその逆ですね。人間知性の限界に対する諦めというか。人間が知り得ることにはおのずから限界があって、「人知の及ばぬ領域」には人知は及ばない。SFっていうのは「科学的な恐怖譚」なわけなんですね（笑）。人間知性に対する期待と、人間知性に対する絶望と、このふたつが混ざりあって、ひとつの物語の中で、あっちへふらふら、こっちへふらふら。良質なSFってだいたいそうですよね。それが人間として一番自然なんじゃないかな。

釈　また、そもそも「あの角を曲がった先に、何か恐ろしいものがいるかもしれない」という感性は、弱っちい動物である人類にとって必要な能力ですよね。

内田　そうですね。でも、考えてみたら、自然科学もそれは同じなんですよ。一見すると無秩序に見える背後には「何か」がある。それを科学者は「法則」と呼び、宗教家は「摂理」と呼ぶ。いずれにせよ、今のところの人間の知恵ではまだ説明できない超越的な境位が存在する。それをしみじみと思い知って、人間の限界を自覚すると同時に、その「超越的境位」めざして一歩ずつ進んでゆく……という点では、科学的進歩と宗教的成熟というのはそれほど違うわけじゃないんです。

釈　先ほど私、近所のおじさんに怪談を聞かされておトイレに行けなくなった話をしましたが、おトイレ自体は科学的には昨日となんら変わりのない「同じおトイレ」なんですけれども、おトイレの意味がすっかり変わっちゃったわけです。そうなると、昨日は平気で行けていたところに、今日から行けなくなる。それは、いったんその意味に出会ってしまうともう後戻りできない強烈さがある。

内田　そうですよね。トイレという空間がそのとき宗教的に分節されるわけですよね。鏡が突然怖くなったりとか。日常的な空間の中に、実は「異界とのチャンネル」が開口している。それが子どもには最初すごく怖いわけですよね。なんでこんなにあちこちに「異界への入り口」が開口しているのに、大人は怖がらないんだろうって（笑）。でも宗教性って、そこから始まる気がします。

宗教性を涵養する二歩目は、メンターについていくこと

釈　いや、まさに怪談は宗教教育の第一歩ですね。となると、次の一歩には何があるでしょうか。次はもう少し体系化されたものと出会うといいのかな。

内田　どうなんでしょうかね。恐怖心というのは「幽霊の正体見たり枯れ尾花」で、枯れ尾花を見ても怖がるという基礎的、原始的な宗教性なんですけれど、その階梯《かいてい》を次の段階に上がるためには、メンターがいなければいけないんじゃないかな。宗教的な道を先へ進むときに導いてくれる「先達」ですね。

宗教的成熟の第一歩目は「この世には人知の及ばぬ境位が存在する」という事実の前に戦慄することなんですけれど、その次に必要とされるのは、メンターを「信じる心」なんですね。完全に無防備になって、「この人についていこう」と決めて、自分を全部預けてしまう。これが難しい関門ですね。それができる人とできない人がいるから。

釈　そうですよね。

内田　たぶん、幼児体験が関与していると思います。自分の母親父親兄弟姉妹にしっかり守られて、自分はどれほど無防備になっても不利益を被るリスクがないという経験を幼児期に得た子と、無防備になったことによって近しい人に深く傷つけられたという外傷経験を持つ子では、メンターを求める段階で、ずいぶん差がつくような気がします。小さい頃に無防備に人を信じたけれど傷つけられた記憶がないという人は無防備になることに対して恐怖心がない。そういう人が「弟子上手」になるんじゃないかな。

釈　そこですね。また、中には、恐怖体験で宗教性に過敏になっている人を狙ってアプローチしてくる人もいますからね。出会いによって道は大きく変わってきますね。

内田　だから本当に難しいんです。宗教的に成熟するためには、一度今までの自分の知的な枠組みや、価値観や、善悪正邪についての判断基準を「無効」にして、フラットな状態になる必要がある。自分を「タブララサ（白紙）」にして、そこにメンターが書き込む言葉をそのまま受け入れるということをしないと次の段階には進めないんですよね。でも、これがすごく危険なことなんです。

釈　そこの危うさは、宗教領域における課題です。宗教という名の剣ヶ峰を歩くような事態です。一歩間違えるとすべて台無しになってしまう危うさを持っている。でも、そうやって身を委ねないかぎり見えない光景がある。いやあ、あらためて、宗教というのは一筋縄でいかない、向き合うのが大変というのがわかりますね。

内田 本当にそうなんです。ここで必要なことは、「メンターを見極める力」なんですよね。自分の前に登場してきた「先達らしき人」を見て、「この人にはついていっても大丈夫」なのか「この人についていくのはどうか……」の判断を下さなければいけない。自分自身の価値観や判断基準をいったん無効化するという条件下で適否の判断を下すわけですから、これは難しい。「自分が知らないことについて、適否の判断を下す」って、論理的には不可能なんですからね。

釈 なるほど、その勘所《かんどころ》ですか。

ただ、自分が弱っているタイミングで優しく近づいて来られると、うまく判断できない人もいるでしょうね。それに、近づいて来る人自身も、心から善意のつもりだったりするので、宗教の場合はややこしいですから。

内田 向こうのほうから「あ、そこのきみ、きみ。よいことを教えてあげよう」と言って近づいてくる人は信用しないほうがいいと思っています。経験的にはそうです。僕自身について言うと、メンターとの出会いは全部「ご縁」なんですよね。すべてby accident。「図らずも」出会ってしまう。

釈　無作為な出会いですか。それは人生の他の場面においても、ひとつの指針となりそうですね。意図的な接近とか、セッティングされた出会いとか、ためらいや迷いを許さずに誘導するとか、作為を感じたら、それは信用しない。むしろ、お互いにその気もなかったのに、気がついたら協力し合って歩いているというような。

内田　そうです、そうです。気がついたらその人の後ろを歩いている。ちょっと袖をひっぱって、「あの、ついて行ってもいいですか？」と訊くと、「ついて来たければ、ついておいで」くらいのカジュアルな感じで。向こうも僕を導く気は特にないし、こちらもどうしてこの人についてゆくのか、自分でも説明がつかないんだけれど、気がついたら同道していた。

教育の現場では、宗教をどう扱ったらよいか？

内田　この間、人権教育について講演を頼まれたことがあって、そのとき質疑応答の時間にある高校の先生から質問を受けたんです。自分のクラスに移民でやってきたムスリムの十五歳の生徒がいる。これからさまざまな宗教の人たちが日本に入ってくるだろうから、その子たちをまず寛容に受け入れて、多様性を認めていこうということを他の生徒たちには教えてきたのだけれど、困ったことに、このムスリムの生徒自身が非常に宗教的に不寛容なのだというのです。

ことあるごとに、「コーランにはこう書かれています」と言って、学校のルールを否定したり、同調することを拒む。今はまだひとりだから、一生懸命説得してなんとかしているけれども、これから移民が増えて、仮に四〇人のクラスに一〇人のムスリムの少年少女がいて、それぞれに自分たちの宗教的な信念に従い、宗教規範を優先して、学校のルールに従わないということになったらどうしたらいいのかという、すごく切実な質問でした。

そのときに中田考先生からうかがった話をしました。「ムスリム」を自称している人たちのすべてがコーランを理解して、教えを正しく実践しているわけじゃない。コーランも他の宗教の聖典と同じく、何世紀にもわたって、たくさんの法学者たちがさまざまな解釈を試みてきていますから、ひとつの聖句について、単一の決定的解釈を下して「けりをつける」ことなんかできない。聖句は常に新しい解釈に向けて開かれている。

よくコーランには「お酒を飲んではいけない」と書いてあると言われていますけれど、中田先生にうかがったら、本当は「前後不覚になるほど酩酊《めいてい》してはいけない」ということらしいんです。「前後不覚」とはどういう状態かということになるとまた法学者によって解釈が分かれる。ですから、「コーランにはこう書いてある」と十五歳の子どもが断言できるということは難しいと思うんです。

釈　ははあ、なるほど。

内田　他の場合を考えればわかると思いますが、もし十五歳の子どもが「私は仏教徒であるが、ブッダはこう教えている」と言って、仏教の信仰を優先して学校の決まりとかを拒否したら、それは「ちょっと待ってね」ということになりますよね。宗教というのはもっと広々としたものであって、十五歳で「わかった」と言い切れるようなものではないから。

その少年もまたムスリムとしての宗教的成熟の途上にあるわけです。だから、教師にできることは、「君の言っていることは違う」でも、「君の言っていることは正しい」でもなく、その子の宗教的成熟を支援するということだと思うんです。

子どもたちはひとりひとりがこれからムスリムとして、クリスチャンとして、仏教徒として成長してゆく。それぞれ道は違うわけですけれど、もし今、子どもが「自分の信じている宗教ではこう教えているから」と言って、原理的なところに居着いていたら、宗教的な成長が止まってしまう。だったら、それはやはり解除してあげる必要があると思うんです。それは決して「君は間違っている」ということではないのです。「君はまだ幼い」ということなんです。だから、それは処罰や禁止の対象ではない。そうではなくて、その子の宗教的成熟を支援する。そういう枠組みで考えたらいかがでしょうかとお答えしたことがあったんですよ。釈先生は、どう思われます？

釈　そのムスリムの少年は、少し教条的にイスラムを捉えすぎているように思えます。中田先生もそうおっしゃるんじゃないでしょうか。そして、内田先生が示されたとおり、その少年も含めて、クラスで宗教に関する見解や感性を成長させる方向へと進めれば、素晴らしい教育だと思います。異なる信仰というのは、突き詰めればどうしても折り合えないところが出てきます。しかし、互いが共存をめざせば、折り合いながら日常生活を送れます。ぜひクラスで、宗教や信仰や異文化について学び合ってほしいところです。少し前の研究ですが、『現代英国の宗教教育と人格教育』という本があります。これに、学校教育でどう宗教性を成熟させていくかの具体的カリキュラムが載っていますので、参考にされるといいと思います。

もしかするとその少年の家庭が、少々頑なな宗教観を持っているかもしれません。しばしば、「伝統宗教はすでに完成しているので、変更できないものだ」と受けとめている人がいます。生きた信仰は、もっとダイナミック（動的）ですし、固着したものではありません。より良い現代社会をめざして、宗教のほうも変わっていかねばならないところはけっこうあります。

でもその先生の質問は、まさにこれから日本の教育現場で起こってくる問題ですね。教育現場のみならず、社会のさまざまな場面で、考えねばならない課題です。そのことは、前回の対談でも出たトピックスだと思います。フランスタイプがいいのか、イギリスタイプがいいのか、というやつです。

エマニュエル・トッドは、「日本はフランスタイプがいいと思う。そのほうが向いている」と述べています。要するに、やってくる人たちに「日本風に合わせてもらう」というやり方です。たしかに日本はそっちのほうが得意かもしれません。日本は古来、いろんな宗教がやってきても、自分のところに合ったものだけ取り入れて、合わないものは入れないというやり方をしてきました。道教も仏教もキリスト教も、日本型道教に、日本型仏教に、日本型キリスト教に変貌しています。

内田 もう一方のイギリスタイプの「多様性を認めよう」は……。

釈 イギリスでは、宗教の多様性を認める代わりに宗教ごとに分断してしまう。

内田 そうなんです。多様性を認めながら、折り合いながら、国民国家としてうまく機能するのが理想なのですが、こちらは高度なスキルが必要で、まだまだこれから取り組まねばならない課題がたくさんあるのだと思います。

釈 いずれにしても、結局は、お互いに宗教的成熟をめざしていく道しかない。

内田 そうなんですよね、本当に。

釈　とにかく、「こうすればＯＫ」みたいな公式はありませんので。ムスリムだって、十人十色なんですから。とてもフランクな人もいれば、さっきの話の高校生みたいに譲らない人もいます。

やはり人権感覚を育てるのと同様、学校などで、初等教育から宗教について考える機会を増やすのが良いと思います。考えてみれば、ジェンダー感覚についても、我々は少しずつ成熟しているわけでして、宗教についても社会や学校において取り上げていかないと、宗教の問題を家庭内だけに限定しちゃうと宗教センスが育たない。

内田　まったくそのとおりだと思います。

「日本人は無宗教だ」という言い方の未熟さ

釈　あと、日本人の宗教に関するクセというところでは、「日本人は無宗教だ」とする見方があります。国際比較調査では、中国や日本がいつも「無宗教」の一位〜二位です。ただこれは、何をもって「宗教」と呼ぶかを考えないと、実態と合わない数字になってしまいます。

日本の場合、「宗教」といえばキリスト教とか仏教とか、浄土真宗とか創価学会とか、

○○教とか××宗というふうに、特定教団の信者を指すと思っているようです。でも、もっと大きく宗教や信仰を考えたいと思うのです。

たとえばこのシリーズでやってきた、死者を弔うとか、夕日の聖性とか、このような宗教性まで含めると、もちろん日本人が世界で突出して無宗教ということはありません。むしろ、我々の暮らしは多くの宗教的な営みに彩られています。無宗教どころか、過宗教という見方もできます。

そもそも、「宗教」という言葉自体が、すごく負のイメージ。「それって、宗教みたい」という言い方は、もう完全に悪口になりますので。このような「宗教」という言葉へのアレルギーも、やはり戦後強くなったとする指摘があります。

そこで、内田先生は「日本人は無宗教だ」について、あるいは「日本人は、クリスマスも祝って、お寺で除夜の鐘も撞《つ》いて、神社へ初詣も行って、宗教についていい加減過ぎる」などという見方について、どんなふうに思われますか？

内田　う～ん、僕は「日本人は」と括るよりも「日本人にもいろいろいます」という立場ですね（笑）。

釈　ええ、ほんとですね。

内田　「超越」とか「他者」とか「外部」とか、自分たちの人間的なロジックや語彙では語り切ることのできないような境位が、僕たちの生活のすぐ横にあって、それとのやりとりの中で、人間というのは生きていくしかない。そのことについての敏感さを、僕は「宗教的感受性」とか「宗教的成熟」と呼んでいるんです。

そういう考え方をまったくしない人、人間には人間世界しかないと思い込んでいる人は、要するに「幼稚な人」だということです。だから、この世の中でもあまり使い物にならない。世の中の仕組みや決まりがどうしてそうなっているのかについて根源的に考えるということもしないし、人間の感情や心の動きの複雑さもうまく理解できないんですから。人間世界の内部的価値にしか興味がないという人は、実は当のその世界の成り立ちや人間がどういうものかをわかっていない。だから、人間的世界でもあまり「いいこと」には恵まれないと思います。それよりはできるだけ豊かな宗教性を備えた人間になったほうが「いいこと」があると思います。宗教と無宗教に截然《せつぜん》と区分できるという考え方自体が、先ほどから何回も言っていますけれど、宗教的に未成熟な感じがします。

釈　ここでも成熟・未成熟の問題というわけですね。

それに、熱心にあちこちお参りへ行ったり、お札をもらったり、占いに凝ったり、いろいろ拝んだりしているわりには、宗教的感性が悪い人っていますよね。

内田　いっぱいいます。まったくそうですね。

釈　それも、いろいろ手を出しているわりには未成熟、ということなのかもしれません。となると、成熟・未成熟の目安というのは、ひとつは「他者の宗教性・信仰に対して鈍感ではない」や「自分の信仰の加害者性に自覚的」といったところを挙げることができそうです。やはり信仰・信心というのは、信じている人と信じていない人との境界を生み出すわけです。それを避けることができない。だから、信仰や信心は常に他者を傷つける可能性をはらんでいる、そのことに自覚的であるかどうか。また、宗教に無自覚な人は、他者の信仰や信心に対して鈍感になりがち。それは、無自覚に他者の尊厳や人格を棄損してしまいがちだということです。このあたりも宗教的センスの問題になってくると思います。

「場を意味づける」という宗教的営み

内田　先生がよく「宗教的センス」ということをおっしゃるのですが、それ、よくわかります。論理じゃなくて感覚なんですよね。なんと言ったらいいんだろうな……人間世界のところどころに開口している「異界へのチャンネル」に反応する力なんですよね。これって生得的なものなんですかね。

釈　生得的に感性のいい人がいるのは間違いないですが、大部分は問題意識や修練によると思います。そのあたりは武道とも似ています。内田先生がしばしば、「武道を修練すればするほど、だんだん危ない場面に遭わなくなる。たとえば、よくケンカを売られるんで、ケンカに強くなってやろうと懸命に武道を学んでいるうちに、そもそもケンカに巻き込まれなくなった」というお話をされますが、それに近いと思うんですね。

内田　そのとおりですね。

釈　宗教的なセンスも、磨かれるうちに、「あっ、これは近づかないほうがいい」といった感覚も育ちます。宗教の毒や副作用をうまく避けたり、宗教のいいところをうまく自分の中に取り込めたり。あるいは人の宗教性についての勘所もわかってきて、「ここは折れてください」とか、「そこは譲れないですよね」というのもわかってくる。これも武道と似ている気がします。

内田　そうですね。これはなんと言ったらいいんでしょうね。あえて言えば、皮膚感覚的なんですね。危険なものが切迫すると鳥肌が立つとか、逆にとても気持ちのいいものが近づくと毛穴が開いてゆくとか。

釈　ええ。きっとなかなか成熟しない人もいるでしょうし、すぐに上達する人もいるでしょうし、そのあたりの個人差はあるとは思います。でも、そんなに難しいものじゃないです。だって、もともと我々は宗教性に囲まれて暮らしているのですから。これまで無自覚だっただけで。

内田　さっき、如来寺の本堂に入りましたけれども、入った瞬間に空気感が変わるんですよね。空気の粒子の組成が違う。戸を開けて入っただけで、温度がかすかに下がって、空気の密度が変わって、空気の粒子が細かく透明になる。扉ひとつで区切っているだけなんですけど、世俗の空間から宗教的な空間に一歩踏み込むと、あきらかにそこには物理的な変化が生じるんですよね。

釈　それはありがたいお話です。そこも道場と似ていますね。どちらも丁寧にお掃除しますし、お道具の一つひとつを丁寧に扱いますし。なにしろウチの本堂は古いですから。乱暴に扱えないんです。しかも本堂は、柱も天井も床も、何百年もの間、ずっとお経を聴き続けているんですよ（笑）。

内田　そうですね！　そうかそうか……全部に染み込んでいるんですね。なるほどねぇ。

釈　これも「その場への意味づけ」なのですが、宗教というのは生と死や聖と俗に意味づけをする体系ですので、宗教的な営みとして大切なところだと考えています。例の「おトイレの意味が変われば近づけなくなる」のと同じように、「先人が長い間、薄紙一枚一枚積み重ねるようにして育てた本堂や道場という場に意味づけをしていく」ことをやっていきたいと思うのです。

あとがき

みなさん、こんにちは。内田樹です。

最後までお読みくださって、ありがとうございます。

お読みいただいたとおり、この本は釈徹宗先生との宗教をめぐる連続対談です。『聖地巡礼』シリーズが途絶えてから、釈先生と差し向かいで本格的に宗教について集中的にお話しすることになったのは久しぶりのことです。貴重な機会を提供してくださったミシマ社の三島邦弘さんと、とりまとめの労をとってくださった星野友里さんにまずお礼を申し上げます。

ミシマ社の仕事は、書きおろしよりも対談やインタビューから始まる場合が多いのですが、いつもとても楽しくて、始まったと思うとあっという間に終わってしまいます。それは三島君はじめ、ミシマ社の人たちがたいへんに「聞き上手」だからです。

とにかくリアクションがよい。話を聴きながらうなずき、膝を叩き、終わると「いやあ、面白かったです」と感嘆の声をあげてくれる。三島君のようにうれしそうに「めちゃくちゃ面白かったです！」と言ってくれる編集者はなかなかお目にかかることがありません。もちろん若干のリップサービスではあるのでしょうが、それでも、三島君の「めちゃくちゃ面白かったです!」を聴くと、なんだかたいそうな仕事をしたような気になります。

今回の日本宗教についての連続対談も、釈先生とおしゃべりできるし、三島君からはきっと「面白かったです!」と言ってもらえるし……と二つ返事で引き受けました。ですから対談だけで終わっても僕としては十分に満足だったのですが、それがこうして本にまでしていただけました。なんだか、遊んでもらったあとにお小遣いまでもらったような気分です。

釈先生は宗教について語る相手としては僕にとって理想的な方です。宗教学者として学問的な体幹がきちんと通っている上に、ご存じのとおり、釈先生は池田の如来寺の第十九代住職として地域の浄土真宗共同体の中心にいる方でもあります。これまで釈先生の法話を何度もうかがい、そのつど眼前の霧が晴れるような経験をしてきた僕にとって、釈先生は友人であると同時に「霊的先達」でもあります。ですから、宗教についてお話しするときは、いつでも「釈先生の掌《てのひら》の上をくるくる走り回る孫悟空」のようなのびのびとした気持ちでいることができます。

僕がどんな突拍子もないことを思いついて口走っても、釈先生は「なるほど、そういう考え方もあるんですね」とにこやかに受け止めてくれます。『聖地巡礼』シリーズ以来ずっとそうです。

でも、いつもいつもそうやって穏やかに受け入れていただくと、こちらもどこかで釈先生の忍耐と寛容がその限度に達して、「そんなでたらめな話をどうしたら思いつけるんですか！」と思わずこめかみに青筋を立てるところが見たい……という邪悪な気持ちに領されるようになります。別に釈先生を怒らせなければならない義理なんかないんですけど。つい。

今回もそういう展開です。釈先生が「ちゃんとした話」をして、僕が「突拍子もない話」をする。スケールの大きな人の「掌の上をくるくる走り回って」ひたすら「変な話」をするという役割が僕はどうやら心底好きなようです。

そういう楽しい仕事をさせてくれた釈先生と三島君にこの場を借りて心から感謝申し上げます。またぜひこの続きをやりましょうね。

二〇二三年五月

内田樹

本書は、下記の日程とテーマで行われた対談の内容に、加筆修正し、再構成したものです。
二〇二〇年十二月九日　「日本宗教の〝くせ〟を考える　富永仲基と『習合』の視点から」
二〇二一年六月二日　「夕日の習合論」
二〇二一年十月十四日　「お墓の習合論」
二〇二二年八月二日　「今こそ、政教分離を考える」
二〇二三年二月八日　「日本の宗教のくせを知る～戦後日本の宗教編」

内田樹（うちだ・たつる）
1950年東京生まれ。東京大学文学部仏文科卒業。神戸女学院大学を2011年3月に退官、同大学名誉教授。専門はフランス現代思想、武道論、教育論、映画論など。著書に『街場の教育論』『増補版 街場の中国論』『街場の文体論』『街場の戦争論』『日本習合論』（以上、ミシマ社）、『私家版・ユダヤ文化論』『日本辺境論』など多数。現在、神戸市で武道と哲学のための学塾「凱風館」を主宰している。

釈徹宗（しゃく・てっしゅう）
1961年大阪生まれ。僧侶。専門は宗教学。相愛大学学長。論文「不干斎ハビアン論」で涙骨賞優秀賞（第5回）、『落語に花咲く仏教』で河合隼雄学芸賞（第5回）、また仏教伝道文化賞・沼田奨励賞（第51回）を受賞している。著書に『お世話され上手』（ミシマ社）、『不干斎ハビアン』『法然親鸞一遍』『歎異抄　救いのことば』など。

日本宗教のクセ
2023年8月4日　初版第1刷発行
2023年9月15日　初版第3刷発行

著者　内田樹・釈徹宗

発行者　三島邦弘
発行所　（株）ミシマ社
郵便番号　152-0035
東京都目黒区自由が丘2-6-13
電話　03（3724）5616
FAX　03（3724）5618
e-mail　hatena@mishimasha.com
URL　http://www.mishimasha.com/
振替　00160-1-372976

ブックデザイン　尾原史和（BOOTLEG）

印刷・製本　（株）シナノ
組版　（有）エヴリ・シンク

ISBN　978-4-909394-91-0

日本習合論

内田樹

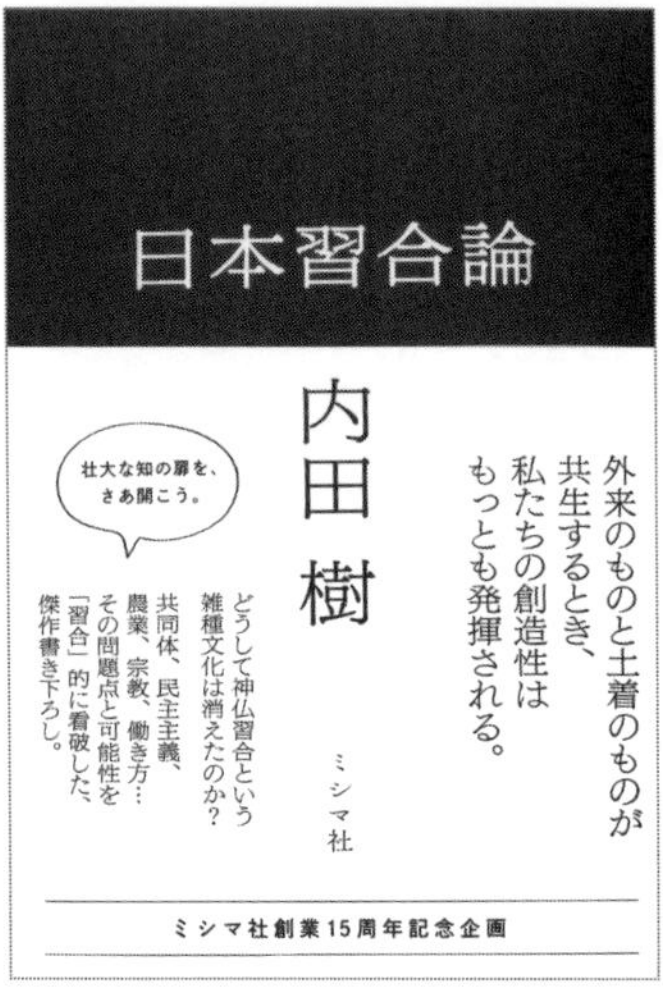

外来のものと土着のものが共生するとき、
日本人の創造性がもっとも発揮される。

どうして神仏習合という雑種文化は消えたのか？
共同体、民主主義、農業、宗教、働き方…
その問題点と可能性を「習合」的に看破した、傑作書き下ろし。

ISBN978-4-909394-40-8　1800円（価格税別）

お世話され上手

釈徹宗

老いも認知症も、こわくない！
迷惑かけ合いながら生きましょ。

急な階段、全室畳の古民家グループホーム「むつみ庵」を営み、
お寺の住職かつ宗教研究者である著者が、
「これからの救い」の物語を語る。

ISBN978-4-903908-84-7　1600円（価格税別）

内田樹の「街場《まちば》シリーズ」

街場の教育論

内田樹

「学び」の扉を開く合言葉。それは…？

学校、教師、親、仕事、宗教…あらゆる教育のとらえ方がまるで変わる、驚愕・感動の11講義！至言満載のロングセラー。

ISBN978-4-903908-10-6　1600円

増補版　街場の中国論

内田樹

尖閣問題も反日デモも…おお、そういうことか。

「日本は中国から見れば化外の民？」「中華思想はナショナリズムではない」…『街場の中国論』（2007年刊）に3章が加わった決定版！

ISBN978-4-903908-25-0　1600円

街場の文体論

内田樹

言語にとって愛とは何か？

30年におよぶ教師生活の最後の半年、著者が全身全霊傾け語った「クリエイティブ・ライティング」14講。「届く言葉」の届け方。

ISBN978-4-903908-36-6　1600円

街場の戦争論

内田樹

日本はなぜ、「戦争のできる国」になろうとしているのか？

「みんながいつも同じ枠組みで賛否を論じていること」を、別の視座から見てみると…現代の窒息感を解放する「想像力の使い方」。

ISBN978-4-903908-57-1　1600円

（価格税別）